甘肃省社科规划重点项目

反洗钱知识手册

“职务犯罪领域反洗钱问题研究”课题组　编著

兰州大学出版社

图书在版编目（CIP）数据

反洗钱知识手册 / “职务犯罪领域反洗钱问题研究”课题组编著. -- 兰州 : 兰州大学出版社, 2020.9
ISBN 978-7-311-05795-4

Ⅰ. ①反… Ⅱ. ①职… Ⅲ. ①反洗钱法－中国－手册
Ⅳ. ①D922.28-62

中国版本图书馆CIP数据核字(2020)第162904号

责任编辑 张国梁
装帧设计 曲 丹

书　　名 反洗钱知识手册
作　　者 “职务犯罪领域反洗钱问题研究”课题组 编著
出版发行 兰州大学出版社 （地址:兰州市天水南路222号 730000）
电　　话 0931-8912613(总编办公室) 0931-8617156(营销中心)
　　　　 0931-8914298(读者服务部)
网　　址 http://press.lzu.edu.cn
电子信箱 press@lzu.edu.cn
印　　刷 成都市金雅迪彩色印刷有限公司
开　　本 880 mm×1230 mm 1/32
印　　张 6.75(插页2)
字　　数 139千
版　　次 2020年9月第1版
印　　次 2020年9月第1次印刷
书　　号 ISBN 978-7-311-05795-4
定　　价 56.00元

《反洗钱知识手册》编委会

主　　编　高连城

副 主 编　金　梅　于海波

编委会成员　杨世安　李晓光　吴国礼　张　明
侯洪文　连振祥　张　涛　王　茂
常亚雯　斐玲慧

绘　　图　张书信　付凡杰

前言

洗钱犯罪是严重破坏国家政治安全、社会稳定、社会管理秩序、市场经济秩序、金融管理秩序、公权力廉洁性的行为，特别是公职人员实施的贪污贿赂犯罪，利用洗钱手段将其非法所得企图合法化，严重破坏国家公职人员职务的廉洁性。

鉴于洗钱犯罪的社会危害性，2006年6月29日全国人大常委会通过的《刑法修正案（六）》中专门增设了洗钱罪，2006年10月31日颁布《反洗钱法》，对洗钱罪的构成要件、表现情形、处罚方式作了专门规定。各级执法司法机关认真执行刑法规定，严肃查办了一批洗钱犯罪，维护了法律的严肃性。为了严厉惩治和预防遏制职务犯罪及洗钱犯罪，使国家机关、企事业单位、公民和社会各界全面了解掌握洗钱犯罪的构成要件、社会危害、表现形式、特点规律、法律规定等情况，甘肃省纪委监委“职务犯罪领域反洗钱问题研究”课题组组织编写了《反洗钱知识手册》(以下简称《手册》)。

《手册》共分三部分：

第一部分，知识问答。这部分共有116个问答。这些问答从洗钱的概念特征到洗钱的表现形式、从反洗钱的措施到反洗钱的法律规定、从国内反洗钱的进展到国际反洗钱的现状等方面作了具体详细的解答，特别是对我国刑法规定的与洗钱犯罪相关联的上游犯罪的具体罪名、构成要件、处罚方式作了具体明确的解答，可以使读者能够尽快掌握什么是洗钱犯罪、为什么要开展反洗钱工作、如何开展反洗钱工作等问题所涉及的一些基本概念和基础知识，有助于增强反洗钱意识和开展反洗钱工作。

第二部分，案例精选。这部分共有92个案例。这些案例都是从司法机关近年来办理的案件中选取的较有代表性的案例，既有较为典型的刑事犯罪洗钱案例，也有较为典型的职务犯罪洗钱案例；既有国家公职人员的典型案例，也有社会人员的典型案例；既有上游犯罪行为人直接参与的洗钱案例，也有下游犯罪行为人单独实施的洗钱案例。从这些不同侧面、不同角度、不同来源的案例中，可以清晰地看出洗钱犯罪的表现形式、特点规律以及产生的社会危害，同时也可以清晰地看出洗钱犯罪必然是其他上游犯罪的伴生物。也就是说，没有上游犯罪，就没有洗钱犯罪。正是因为有了毒品犯罪、黑社会组织犯罪、恐怖犯罪、贪污贿赂犯罪、走私犯罪、破坏金融秩序犯罪、金融诈骗犯罪等犯罪活动，以及为将这些犯罪活动中攫取的非法所得或非法收益企图合法地、公开地占有、使用，才有了洗钱犯罪。

第三部分，法规汇编。这部分主要收录、节选了反洗钱工作中常用的法律法规及司法解释，如《中国人民银行法》《中华人民共和国禁毒法》《中华人民共和国反洗钱法》《中华人民共和国刑法》《最高人民法院关于审理洗钱等刑事案件具体应用法律若干问题的解释》等。

如同其他犯罪一样，洗钱犯罪表现形式也是多种多样，《手册》内容也就不可能穷尽洗钱的所有行为和反洗钱的所有措施，无论是问答还是案例，都只是将涉及洗钱和反洗钱的最基本、最基础、最常见、最典型的内容纳入其中，从中能够勾勒出洗钱和反洗钱的一些基本框架、基本概念、基本形式，为开展反洗钱工作提供一些帮助。因此，《手册》中一些不全面、不完善、不周到的地方，还望读者给予谅解。

高连城

2020年4月10日

目　录

知识问答[1-99]

案例精选[101-173]

法规汇编[175-197]

知识问答

- 116个问答
- 洗钱的概念特征 —洗钱的表现形式

  反洗钱的措施—反洗钱的法律

  国内反洗钱的进展—国际反洗钱的现状
- 反洗钱的意义

1 什么是洗钱?

“洗钱”，其字面含义是把脏钱洗干净。但就其本质而言，是指把违法犯罪所得企图合法化。现代意义上的洗钱行为，肇始于20世纪初期自由资本主义疯狂发展的美国。20世纪20年代，美国芝加哥出现了一些庞大的有组织犯罪集团。他们利用美国现代化大规模生产技术，发展自己的企业，谋求巨额非法利润。其中，有一个犯罪集团的财务总管购置了一台自动洗衣机，为顾客洗衣服并收取现金，然后将这部分现金收入连同其犯罪所得赃款一起向税务机关申报，于是，其犯罪所得赃款也就披上了合法的外衣，故将该违法犯罪定义为“洗钱”。“洗钱”一词由此出现。

随着全球经济的发展，这种行为在许多领域不断出现，花样不断翻新，为此，联合国金融行动特别工作组（FATF）将“洗钱”的含义概括为：凡隐瞒或掩饰因犯罪行为所取得财物的真实性质、来源、地点和流向，或协助任何与非法活动有关的人规避法律应负责任者，均属洗钱行为。其一般特征为：

（1）洗钱是在行为人已经实施犯罪行为并获得赃款的前提下所进行的不法行为。

（2）洗钱者明知是犯罪所得赃款而洗白。明知既包括明明白白、清清楚楚地知道，也包括根据自己的认知能力、判断能力、知识经验等因素，可以得出是犯罪所得赃款的结论。

（3）转移或转换犯罪所得赃款，可能是获得犯罪赃款的本人进行的，也可能是获得犯罪所得赃款人指使他人或单位进行。

(4) 通过金融机构或其他方式转移或转换犯罪所得赃款。

(5) 企图掩盖犯罪行为，并使犯罪所得赃款貌似合法化。

2 为什么要洗钱？

洗钱是因为洗钱者手中的钱是违法犯罪所得，不洗钱就不能掩盖犯罪所得，不能掩盖犯罪行为，也就不能正常公开使用支出。因此，犯罪分子洗钱，一是为了逃避法律制裁，掩饰、隐瞒犯罪行为；二是使犯罪所得赃款合法化；三是可以公开使用、挥霍黑钱；四是有关国家严格的金融、税务、海关、会计等管理制度使犯罪分子不能掩盖、隐瞒其犯罪所得；五是有的国家对洗钱的危害性认识不足，没有将洗钱规定为犯罪，并制定严格的金融、税务等管理制度，结果使洗钱活动向这些国家渗透、蔓延；六是全球对洗钱活动实施共同打击的力度不够有力、措施不够有效、成效不够明显。

3 谁在洗钱？

参与洗钱者主要是制售贩卖毒品犯罪、黑社会性质组织犯罪、有组织犯罪、恐怖主义犯罪、走私犯罪、金融诈骗犯罪、贪污受贿犯罪的行为人或组织者、策划者；同时，随着经济活动交往频繁，出现了专门以洗钱为职业的人或组织。这些职业洗钱者熟悉法律、金融理论、金融实务和会计知识，而且与金融机构工作人员、有关政府机构的工作人员有较多的接触，以较低的成本就可以从犯罪分子那里获得较高的“报酬”。洗钱中的很大一部分特别是巨额洗钱行为，大多通过职业洗钱者实施。因此，职业洗钱者，成为当然的打击重点。

精心谋划不合法财产

4 哪些钱是黑钱？

所谓黑钱，就是违法犯罪所得或违法犯罪收益所得。凡是种植、走私、贩卖毒品的收入，走私收入，金融诈骗、单证诈骗、投资诈骗、租船合同诈骗的收入，恐吓、卖淫、赌博、抢劫的收入，贩卖武器、古董（国家禁止买卖的文物）等的收入，用于恐怖、暗杀、绑架、爆炸、劫机等活动的收入，贪污受贿等腐败收入，侵占和侵吞公私财产的收入，都是黑钱。

5 毒品犯罪与洗钱犯罪有什么关系？

毒品犯罪是一种以追逐巨额非法经济利益为目的的严重犯罪活动。为了掩盖非法收益，使其能够公开正常使用，就必然延伸出如何洗钱的手段和方法，其中通过银行等金融机构洗钱进而使其披上合法外衣是一种最主要、最普遍的手段。因此，毒品犯罪及其收益滋生洗钱犯罪，洗钱犯罪隐瞒或掩饰毒品犯罪收益。为了有效打击毒品犯罪，必须打击涉毒洗钱活动，没收毒品犯罪收益及其衍生利润，摧毁贩毒集团的经济来源和实力，从根本上遏制毒品犯罪不断蔓延的势头。

我国于1989年加入《联合国禁毒公约》，这为有效打击贩毒、洗钱犯罪提供了国际法律依据。《中华人民共和国刑法》第191条也对惩治毒品洗钱犯罪行为做出了明确规定，这是打击洗钱犯罪、有效遏制毒品犯罪的重要法律依据。

6 走私犯罪与洗钱犯罪有什么关系？

以追逐巨额非法经济利益为目的的走私犯罪，只有通过洗钱手段，才能转化为可自由支配的财产。因此，走私犯罪离不开洗钱犯罪，是洗钱犯罪的上游犯罪；洗钱犯罪助长了走私犯罪的发生、发展，对走私犯罪起到了推波助澜的作用。其主要特征是：

（1）犯罪分子通过与境外签订合同购货，将资金汇出去，境内外互相配合做假单证进行洗钱；

（2）犯罪分子通过地下钱庄将资金汇出进行洗钱；

（3）分散投资、化整为零进行洗钱。

我国刑法第191条将走私犯罪明确规定为洗钱犯罪的上游犯罪，行为人明知是走私犯罪的违法所得及其产生的利益进行洗钱的，就构成洗钱犯罪。

7 有组织犯罪与洗钱犯罪有什么关系？

根据《联合国打击跨国有组织犯罪公约》规定，有组织犯罪集团系指由三人或多人所组成的，在一定时期内存在的，为了实施一项或多项严重犯罪或根据本公约确立的犯罪，以直接或间接获得金钱或其他物质利益而一致行动的有组织结构的集团。其中，严重犯罪系指构成或可受到最高刑至少4年的剥夺自由或更严厉处罚的犯罪行为；有组织结构的集团系指并非为了立即实施一项犯罪而随意组成的集团，但不必要求确定成员职责，也不必要求成员的连续性或完善的组织结构。

为了将有组织犯罪活动所得的巨额非法收入进行任意支配，就将其投资于合法行业，而这只能选择洗钱的方式进行，因此，洗钱是有组织犯罪赖以存在的重要途径。我国刑法第191条将黑社会性质的组织犯罪和恐怖活动犯罪规定为洗钱罪的上游犯罪，这为更加有效地打击有组织犯罪提供了法律依据。

8 恐怖主义犯罪与洗钱犯罪有什么关系？

当今世界，恐怖主义活动日益成为威胁全人类社会的毒瘤。2001年“9·11”劫机自杀性袭击，造成3000余人丧生。从事后调查的情况看，该案的酝酿准备工作进行了很长时间，恐怖分子动用了巨额资金用于培训、招募、演练等，而这些资金都是恐怖主义头目本·拉登资助和支付的，而本·拉登的资金主要来源于从事建筑业等经商活动，以合法形式掩盖非法行为和目的。这一恐怖主义事件在一定程度上改变了全球治理格局，同时也说明日益猖獗的恐怖活动离不开经济资助，资金是国际恐怖组织得以生存、运转和发展的基础。一方面，恐怖组织实施一系列犯罪活动，敛集犯罪收益来资助恐怖活动；另一方面，恐怖组织要维持正常运转，策划、实施恐怖活动，只能隐瞒、掩饰非法收益或掩盖资金流向，只能进行洗钱活动。恐怖主义犯罪是洗钱犯罪的上游犯罪，恐怖主义犯罪是目的，洗钱犯罪是资助实施恐怖主义犯罪的手段。因此，开展打击与恐怖活动有关的洗钱犯罪，切断恐怖活动的资金来源，成为全面有效打击恐怖主义的一个有效手段。

1999年联合国大会通过的《制止向恐怖主义提供资助的国际公约》是国际社会合作打击向恐怖主义提供资助的犯罪行为的国际法依据。美国“9·11”事件后，联合国及一些国际组织通过的决议、行动计划、反恐宣言，强调打击恐怖主义融资和洗钱活动，切断恐怖组织及其活动的资金来源的重要性。与此相适应，我国将刑法第120条和第191条作了相应的增加和修改，规定了资助恐怖活动罪，并将恐怖活动犯罪规定为洗钱犯罪的上游犯罪。

9 诈骗犯罪与洗钱犯罪有什么关系?

诈骗犯罪是指以非法占有为目的，采取虚构事实或隐瞒真相的手段，骗取财物或者获取财产性利益，破坏经济秩序，依法应受到刑事处罚的行为。随着全球经济一体化进程的加快，国际欺诈犯罪行为十分突出，并通常与跨国洗钱犯罪相关联。欺诈者往往以提供虚假信息、许以高额回报率为手段，以骗取投资者的资金为目的，如信用证诈骗、融资诈骗、工程诈骗、货物诈骗、单证诈骗、保险诈骗、租船诈骗等。

诈骗犯罪与洗钱犯罪如孪生兄弟，形影不离。诈骗犯罪是洗钱的上游犯罪的重要形式之一，通过欺诈所取得的犯罪资金，

一般都要借助洗钱的手段加以洗白，以逃避法律的追踪；洗钱作为诈骗犯罪的下游犯罪，为后者提供了强有力的支持和庇护。通过洗钱，诈骗分子不断积累财物、扩大势力，从而又拥有更大的实力去从事更多的国际诈骗犯罪活动，洗钱成为诈骗的保护伞，使其逃避法律制裁。因此，诈骗的背后往往是洗钱。2000年《联合国打击跨国有组织犯罪公约》第6条明确规定，各缔约国均应将本公约第2条所界定的所有严重犯罪（指构成可受到最高刑至少4年的剥夺自由或更严厉处罚的犯罪行为）列为洗钱犯罪的上游犯罪。这为我国将欺诈犯罪扩宽为洗钱犯罪的上游犯罪指明了方向。

10 腐败犯罪与洗钱犯罪有什么关系？

腐败分子利用职务之便和管理制度上的漏洞获取各种赃款赃物，必然采取各种各样的手段进行洗白，有的炒股办公司，有的设立挂名公司寻找代理人、实际自己控制，有的通过地下钱庄将赃款赃物转换转移到国外。凡此等等，目的只有一个，就是掩盖犯罪收入，逃避法律制裁，支配和使用非法所得。洗钱与腐败是两种具有密切联系的罪行，洗钱保护腐败，腐败推动了洗钱业的发展；腐败犯罪是洗钱犯罪的上游犯罪，很多腐败分子为了掩饰其通过贪污、受贿等经济犯罪获取的利益，一般都运用洗钱的手法。

打击洗钱与反腐败已成为国际共识。2003年签订的《联合国反腐败公约》全面详尽地规定了腐败与洗钱犯罪的关系，明确规定打击转移腐败所得的赃款，即打击腐败洗钱。

根据国家有关部门通报和反洗钱调查情况，腐败洗钱活动方式不断更新且更加隐蔽，具有以下特点：

(1) 一般不使用本人银行账户，多使用配偶、子女、近亲属或特定关系人的账户，或利用其他渠道获取的他人信息在多家银行开立多个银行账户，倾向于在中小型银行开户、散存、拆分后转移赃款。

(2) 通过银行等金融机构或地下钱庄转移赃款，用于购置房产、购买理财产品等；将赃款用于资助子女出国留学、就业和生活；通过本人或亲友设立空壳公司，以伪装成合法经营收入方式掩饰、隐瞒赃款性质。

（3）资金交易途径主要包括现金、转账、网上银行、电话银行等金融业务，也有银证转账、银保转账等购买证券基金、理财产品等，涉及与证券基金公司、保险公司的资金往来，还有利用银行保险箱业务藏匿贵金属和字画等。

（4）资金交易用途常表现为工资、个贷还款、POS机消费、基金理财、保险费、购买房产等。

（5）受贿人在收受行贿资产后，为掩人耳目，授意行贿人帮助其将财产转移、隐匿至他人名下，受贿人及其近亲属或关系密切人需要时直接使用，无须承担风险，此类犯罪手法隐蔽性更强，给案件侦办工作制造了更大的困难和障碍。

11 洗钱主要有哪几个阶段?

洗钱是犯罪行为人把犯罪收入通过各种方式洗白，使非法收入变为合法收入供其使用的行为。

洗钱活动基本上分为实施上游犯罪获取利益、转移掩盖、洗白使用等三个阶段。

实施阶段，是洗钱活动的起始环节。这个阶段的活动主要是实施行为以获取非法利益，通过走私、贪污贿赂等手段，获取非法所得或非法利益，并将其控制在自己名下。

转移掩盖阶段，通过复杂的金融操作，反复、频繁地转移资金，以各种假名或受托人的名义开立银行账户，设立前台公司、空壳空司，虚拟各项贸易收支或金融交易活动，利用金融机构的服务在世界各地进行款项的划转，以此掩盖犯罪资金的真实性质，清洗犯罪所得。

洗白阶段，犯罪收入所得经分账阶段的种种手法的帮助已披上了合法的外衣，资金被转移至与犯罪分子无明显联系的合法的组织或者个人的账户内，用于正当商业活动中，成为合法收入，直接进入合法流通领域。至此，犯罪收入完成了洗钱过程。

利用慈善机构捐款洗钱

12 洗钱有哪些特点?

（1）洗钱是在已经实施犯罪行为并获得赃款的条件下所从事的非法活动。如果实施了犯罪行为，没有获得任何赃款，就没有洗钱的必要，也不能认定为洗钱。

（2）洗钱者主要利用金融机构清洗犯罪所得赃款。金融机构包括银行性和非银行性金融机构。银行性金融机构是指名称各异的商业银行；非银行性金融机构主要指保险公司、证券公司、融资租赁公司、信托投资公司、财务公司等。

（3）洗钱者的主要目的不是为了获利，而是为了使犯罪所得赃款尽快合法化。

（4）洗钱行为的上游犯罪是特定的贩毒、走私、有组织犯罪、恐怖活动犯罪、贪污贿赂犯罪等。

13 洗钱的常用手法有哪些?

（1）走私携带（依靠车辆、轮船、飞机等交通工具走私到境外）洗钱；

（2）利用合法经营的公司、稻草人、合法的投资和交易、娱乐游戏等手段洗钱；

（3）利用金融机构和其他公共服务系统洗钱；

（4）利用地下钱庄或勾结金融机构工作人员洗钱；

（5）利用保密天堂洗钱；

（6）利用电子网络工具洗钱；

（7）利用经济诈骗洗钱。

利用虚拟赌场洗钱

非法传销洗钱

14 购买金融产品中有哪些洗钱可能?

金融产品包括银行提供的现金交易、支付转账、汇兑、兑换、保险、证券、典当、租赁等基本形式，它们是洗钱的主要渠道，也是反洗钱关注的主要对象，控制了通过金融产品洗钱，也就扼制了洗钱的势头。

15 什么是通过现金走私洗钱?

现金走私洗钱，是犯罪分子洗白犯罪所得的重要方式。洗钱者利用各国之间反洗钱法规的差异，将犯罪所得现金通过走私偷运出境，将现金藏在人身上、行李中、货物中或者交通工具的某个部位，依靠车辆、轮船、飞机等交通工具走私到境外，存入未建立现金交易报告制度国家的银行。

16 现金存款存在哪些洗钱可能?

（1）匿名存款。由于大部分国家建立了存款实名制和收入申报制度，犯罪分子为了逃避司法机关和反洗钱机构的监控，在存取现金时，往往会使用虚假的身份证明或借用他人的合法身份证明开立账户，在受到追查时，犯罪收入会因未使用真实姓名而不易暴露。

（2）化整为零存款，又称“斯摩菲洗钱”方式。为了逃避司法机关和反洗钱机构的监控，犯罪分子往往会化整为零，即通过与犯罪收益来源无关或无犯罪前科的自然人及稻草人掩饰犯罪收益，大量稻草人的存在，使银行无法从大额现金交易的监控中发现洗钱行为。通过在现金交易报告限额以下频繁存取现金的方式，将黑钱投入银行系统清洗。

（3）以正当经营所得名义存款。犯罪分子为了使犯罪所得合法化，往往设立现金流量高的合法机构，把犯罪所得现金混入日常经营收入现金中直接存入银行，使犯罪收入进入银行系统进行洗白。采用这种方式，洗钱犯罪分子能够为其违法收入来源找到合理的解释，达到隐瞒犯罪收入的真实目的，使得银行无法察觉。这种洗钱方式通常涉及走私、贩毒、恐怖和黑社会犯罪、贪污贿赂犯罪等犯罪所得。

私下通过走营业账的形式掩饰非法所得

17 什么是斯摩菲洗钱方式？

斯摩菲洗钱方式，又称“蓝精灵”或“稻草人”洗钱法，是为了逃避大额现金交易报告制度而将其分散存入银行洗钱的方法。因为许多国家建立了严格的现金交易报告制度，对于超过限额的现金交易，银行必须及时向反洗钱机构报告。犯罪组织或犯罪分子在洗钱过程中会化整为零，将大额现金分散存入银行，即在现金交易报告限额以下将现金存入银行，避免引起反洗钱当局的注意和调查。当前，我国的一些洗钱犯罪分子也往往采用这种手法。

利用“蓝精灵”清洗贩毒收益

18 什么是现金混合洗钱方式？

现金混合洗钱方式就是通过向现金流量高的行业投资而获得合法日常现金，并将非法所得现金混入合法收入中来掩盖犯罪所得的洗钱方式。随着全球反洗钱工作不断深入和扩大，各国相继建立了现金交易报告制度，如果直接向银行存入大量现金，必然会因为不能说明现金的合理来源而引起反洗钱机构追查。为了能够合理解释大量存入银行现金的来源，向现金流入密集型行业（如赌场、酒吧、金银店、娱乐场所、餐饮业、超市、洗衣店等服务性行业）进行投资，同时将犯罪收入混入合法收入中向税务当局申报，在依法纳税的外衣下使犯罪收入合法化；纳税后，犯罪收入就变成了合法的正当收入，可以合法进行投资、贸易、生活消费。

混同后，用赃款购置房产或购买理财产品

19 什么是利用自助银行系统洗钱？

随着电子化的不断普及，金融机构提供的金融产品越来越趋向于自动化，自助银行也不可避免地被犯罪分子利用，特别是自动存款机具有无人值守、操作简便、效率高、速度快、保密性强等特点，且存款过程不会受到银行工作人员的任何干预。犯罪分子在银行毫无察觉的情况下存入现金，再通过电子银行、网上银行迅速转移犯罪收入，待银行和监管机关发现踪迹时，黑钱早已通过各种银行、各种渠道输送到不同地区、不同国家。

20 虚假账户名在洗钱中有什么作用？

虚假账户名是指个人或企业、单位在银行中的账户名与实际资金所有者个人或企业、单位的名称不符。虚假账户有两种情况：一是编造假名开立账户；二是以被提名人或挂名公司开立账户，而由他人或其他单位使用账户。虚假账户的作用是掩盖资金的真实所有者，从而掩盖资金的来源。

21 什么是通过匿名存款洗钱？

匿名存款是利用虚假账户名洗钱的方式之一。由于许多国家建立了存款实名制和个人收入申报制度，为逃避这些制度的监管，隐瞒犯罪收入，犯罪分子经常采用匿名存款的方式洗钱。一种做法是，与金融机构工作人员相互串通，在金融机构开立非真实姓名的个人存款账户，或以他人名义开立个人存款账户，存入犯罪所得；另外一种做法是，犯罪分子伪造身份证、护照、驾驶执照等个人身份证明以及法人机构的有关身份证明，开立虚假账户，存入各种犯罪收入。世界各国侦破的各种洗钱案件中，犯罪行为人都有大量的匿名存单。

22 什么是利用购买不记名有价证券洗钱?

金融机构发行的各种不记名有价证券是一种变相的存款方式，这种证券的匿名性使得犯罪分子将其作为一种洗钱的方式。犯罪分子使用现金从金融机构购买国库券、债券等各类不记名有价证券，隐匿财产，转移、隐瞒犯罪收入，掩盖真实财产数额，避免引起反洗钱部门的注意和怀疑。这种洗钱方式仍然属于匿名现金洗钱的方式。采用这种方式并不能达到彻底清洗犯罪收入的目的，犯罪收入只是被暂时藏匿起来了。

23 什么是把现金转变为银行票据洗钱?

由于票据本身所具有的流通性，也比较适合犯罪组织掩饰犯罪收入的去向，躲避司法机关的追查。因此，犯罪分子往往在当地缴存大量现金，向银行申请签发票据，持往异地兑现或转存在异地，就成为洗钱过程中将现金转换为银行存款的一种方式。犯罪分子向银行缴存现金后，可以申请签发银行汇票和银行本票，如果犯罪分子双方都是个人，可以申请现金银行汇票和现金银行本票，汇出和持有犯罪收入，但现金银行汇票和现金银行本票均须指定代理付款人，禁止背书转让，所以，利用银行票据洗钱的方式不是一种彻底的洗钱方式。

24 什么是利用票据洗钱?

犯罪分子转移犯罪收入时，通常要利用银行提供的转账支付结算工具，如支票、汇票、本票等票据来进行。票据的基本特点是不仅可以按照票据正面的记载，在收款人、付款人之间直接转账，还可以通过背书的形式流通转让；同时，票据在流通过程中，几乎脱离了银行的监督，只有在客户向银行提示付款时，票据才会重新回流到银行系统。正是由于票据有可以自由转让流通，并能在流通过程中避开银行审查的特点，所以，一些犯罪分子，常把票据作为转移犯罪收入的洗钱工具。

洗钱犯罪分子向银行申请签发或直接签发票据之后，一般不会以直接向收款人转账为目的，而是会利用票据的无因性特点以及能够转让流通的便利，连续多次背书转让，将犯罪所得转移到异地或者异国具有关联关系的个人或机构，模糊犯罪所得的性质、来源和去向。即使司法机关发现了犯罪活动，也会因为银行对票据转让双方的情况无从知晓、黑钱转移的路线复杂而使追缴赃款变得困难，犯罪分子至少可以延滞司法机关和反洗钱机构的追查行动，为转移犯罪收入赢得时间。

25 什么是利用休眠账户洗钱？

休眠账户是指个人或单位在银行开立的长期闲置不用、又不办理销户手续，长期处于不动状况的账户。由于休眠账户的特点是账户原有，随时可以使用，使用时不另行办理开户手续，不会引起有关方面的注意，待引起注意时，账户已被使用，转款完毕。

犯罪分子往往使用休眠账户洗钱。洗钱者将犯罪所得转入自己或他人开立的休眠账户，然后通过支付转账工具进行快速清洗。由于银行对账户管理需逐级监控报告，工作人员往往对休眠账户疏于监控。因此，利用休眠账户洗钱也是犯罪分子常用的手法。

26 什么是利用汇兑方式洗钱？

汇兑服务是银行和准银行机构向公众提供的转账支付结算工具之一。汇兑有信汇和电汇两种方式。银行在收到客户签发的汇兑凭证和缴存的现金后提供汇兑服务，如果交易双方都是个人，可以签发现金汇兑凭证。银行收到汇兑指令后，利用自己的普通汇兑系统、电子汇兑系统、电子联行系统，快捷地将现金汇往异地或异国。正是由于办理汇兑业务手续非常简便，客户只需要按照要求签发汇兑凭证并提交银行受理，资金就可以在瞬间汇入在异地开设的银行账户。如果是利用网上银行，客户甚至不需要前往银行提交凭证，坐在家中点击鼠标就可以轻松完成汇款。犯罪分子正是利用汇兑方式的这一特点，在不同的地方、不同的银行开设多个账户，通过银行汇兑系统在这些账户之间频繁转移资金、隐匿线索、逃避追踪，给司法机关和反洗钱机构侦查制造障碍。因此，汇兑方式也经常被用来洗钱。

27 什么是利用银行卡洗钱?

金融产品一方面服务于公众，一方面常常被犯罪分子所利用，银行卡也不例外。银行卡是银行向公众提供的转账支付结算工具之一，分为借记卡和贷记卡两种。银行卡除了具有转账结算功能外，与其他结算工具相比，银行卡还具备支付和信用功能，这使得遍布各地的特约商户和ATM机为持卡人使用银行卡提供了便利的条件。持卡人可以利用银行卡，通过POS机、ATM自动存款机等服务设施，购买商品或存取现金。如果是贷记卡，发卡银行还会视持卡人个人信用状况，给予持卡人一定的信用额度，允许持卡透支消费或取现。正是因为银行卡具有以上优点，洗钱者常常把银行卡作为洗钱的工具，将赃款在不同账户之间、不同地域之内反复转账，隐藏、转移犯罪收入。如果是匿名银行卡，则危害性更大、利用程度更高、反侦查能力更强。

利用购置房产、存入银行资金账户以及购买理财产品等洗钱

28 什么是利用电子支付工具的隐蔽性、匿名性及无形、数字化特点进行洗钱?

电子支付工具具有隐蔽性、匿名性及无形、数字化的特点，与传统货币支付工具相比具有不可比拟的优势。利用电子支付工具进行支付交易，因无须面对银行职员而具有隐蔽性；复杂的电子加密技术使得利用电子支付工具具有匿名性；电子支付工具在形态上可以说是无形的，在资金转移和形态转换上是非常便利和快捷的。电子支付工具的这些独特优势，能够为洗钱犯罪提供很大的便利，使司法机关和反洗钱机构追查资金来源、惩治犯罪变得非常困难。

电子支付交易所有的业务几乎全部由电脑业务处理系统自动完成，客户无须直接面对银行职员，只需要坐在家中接入国际互联网，点击鼠标就可以轻松完成交易。对很多异常交易行

为，单纯依靠电脑根本无法识别交易的真实属性，而银行也无法逐笔审查电子支付交易并从中筛选出可疑支付交易。洗钱者利用电子支付工具洗钱，不容易被银行察觉。

复杂的加密技术使电子支付工具具有匿名性，执法机构很难知道该信息的来源、目的地，难以在有限的时间里调查和追踪犯罪，这就为洗钱者利用电子支付工具洗钱提供了可能性。洗钱者通过注册合法的身份，以电子商务的名义将黑钱转化为正当经营所得，或利用电子支付工具直接将黑钱汇往他们在境外开办的企业，这比传统的洗钱方式更为隐蔽、快捷和难于监管。

由于电子支付工具具有无形、数字化的特点，洗钱者很容易完成对现金形态的转换和资金的转移，借助电话线、互联网和自助银行设备，可以使黑钱的现金形态在转变为银行存款的过程中完全避开银行的监督，并可以在瞬间把黑钱转移至全球任何一个国家和地区。

29 什么是通过购买人寿保险进行洗钱？

洗钱者有的以投保书的方式通过寿险保单隐瞒资金来源，有的以购买高额保险，修改保险条款，再用折扣的方式低价回赎，利用中间差价洗钱；有的洗钱者选中一家保险经纪公司，先将赃款交给保险经纪人，向保险公司购买大量的养老保险然后解除保险，并领回保险公司退款，保险公司退款的支票或汇票到指定账号后，黑钱就被洗净。

可以看出，洗钱者在利用保险公司洗钱时，时常出现以下三种情况：一是选择一家人寿保险公司；二是选择一家保险中介公司或保险经纪人；三是解除保险合同，退回部分投保金，或由中介公司或保险经纪人退保，解除保险合同，退回部分投保金额。值得一提的是，国际保险业务和再保险业务的出现，职业保险经纪公司和经纪人的出现，使保险业不但成为洗钱的重点领域，而且加大了反洗钱工作的难度。

利用重大疾病险洗钱

30 什么是利用信托业进行洗钱?

犯罪分子利用信托投资公司及其代理人的合法业务，将走私、贩毒、偷税、腐败、金融犯罪等犯罪所得资金，以现金的方式隐瞒委托人，委托到信托投资公司，亲自或指定受益人以取得投资收益。因而，将犯罪所得清洗为合法资金的过程就是犯罪分子利用信托业洗钱的过程。

目前，信托业已成为犯罪分子利用非银行金融机构进行洗钱的重要工具之一。

31 什么是利用证券交易进行洗钱?

犯罪分子将非法收入集中或分散，以现金或转账的方式存入股票账户，用于购买、抛售各种国内外企业股票的行为，不论盈亏，都可以达到洗钱的目的。

购买股票洗钱

32 什么是通过财务公司和会计人员进行洗钱?

这种方式是指通过财务公司和会计从业人员提供设立簿记、清单、审计、金融业税收建议、信托资产交易、引见银行等手段进行洗钱。有的明知财产来自犯罪活动或参与犯罪活动所得，却通过财会业务隐瞒、掩饰该财产来源，协助转换、转让该财产；有的明知是犯罪活动或参与该种活动之所得，却隐瞒或掩饰其真实性质、来源所在地，处置转移相关权利或所有权；有的明知是犯罪所得，却占有、使用该财产，或者帮助、教唆、参与进行非法财产的转换、转让、占有，等等。

利用财务公司洗钱

33 什么是利用律师行业进行洗钱?

这种方式是指通过案件处理、文件验证、公司设立和管理、资产交易、投资服务、提供法律意见、引见银行等，参与安排洗钱活动；或者建议设立挂名空壳公司，安排信托资金，介绍安排资产买卖，提出金融税收建议活动，帮助参与洗钱。

34 什么是通过典当公司、租赁公司、拍卖公司进行洗钱?

通过自己设立典当、租赁、拍卖公司作为挂名空壳公司用于洗钱。将犯罪资金通过他人设立典当、租赁、拍卖公司转换、转让、转移，通过寄存、抵押、委托出租、承租、购进、卖出各种实物完成洗钱。

利用典当股票交易洗钱

35 什么是通过旅行社进行洗钱?

通过旅行社特别是有出境游业务的旅行社，收取现金或其他金融工具转来的资金，将其支付成差旅费、服务费；出境游的游客将本国货币兑换成各国货币，支付差旅费、服务费，从而达到洗钱目的。有的客户还通过办理退团手续进行洗钱，即旅行社在扣除手续费后，将剩余资金退回客户指定的境内外账户，从而达到洗钱的目的。

36 什么是通过购置贵重商品进行洗钱？

犯罪组织或犯罪分子通过购置房地产、武器、珠宝、汽车、船只、飞机、贵金属、古玩以及珍贵艺术品的方式，来改变犯罪收入的现金形态，达到初步洗钱的目的；当需要现金或出现合适的机会时，可以迅速变现。

购置豪华房产洗钱

37 洗钱对社会产生哪些负面影响?

(1) 洗钱滋生腐败。洗钱者为了使犯罪所得赃款能够“安全”、快速地清洗，往往用重金贿赂金融机构工作人员和政府的有关官员。他们一旦受贿，就会为洗钱者提供方便，洗钱者的阴谋更容易得逞，继而形成权力与金钱互相依存、里应外合的洗钱链，从而造成对国家和社会财富的赤裸裸的循环侵占。

(2) 洗钱影响社会治安。洗钱者在向某国注入赃款时，有可能带进潜在的犯罪因素。有些犯罪组织或个人在向某国输入赃款时，为了清洗赃款，可能在某国投资建立一些娱乐场所，并以此为掩护，从事贩毒、走私、色情等犯罪活动。这些活动的存在与蔓延，直接影响社会治安。同时，为了毁灭罪证，有可能采取敲诈、绑架、恐吓、谋杀等犯罪手段，从而加剧社会治安状况的恶化。

(3) 洗钱包庇、袒护和怂恿刑事犯罪。洗钱过程会进一步刺激犯罪分子的犯罪欲望，为犯罪分子的下一次犯罪提供资金支持，这样很容易形成一个恶性循环怪圈，助长犯罪分子的嚣张气焰。

(4) 损害社会公平原则。行为人不是依靠诚实劳动而是依靠为犯罪分子洗钱获得巨额非法佣金，过着奢侈生活，如果这种情况不能被有关部门及时查处，将在社会公众中产生不良影响，影响社会公平和全社会生产效率的提高。

(5) 损害政府的形象。洗钱者为了逍遥法外，往往拿出一部分赃款投资于一国的公益事业，或者向一些机关、团体进行捐赠，捞取政治资本，寻求保护伞。一旦发现政府接收的投资、机关或团体接收的捐赠是某些犯罪组织或犯罪分子提供的赃款，将严重损害政府在公众中的形象。

(6) 对一国的国家安全构成威胁。犯罪组织用赃款支持国际恐怖主义活动和叛乱，他们还可能用赃款支持颠覆活动，这些活动极大地危害一国的国家安全。

洗钱助长犯罪分子的嚣张气焰

38 洗钱对经济产生哪些负面影响?

(1) 洗钱导致社会财富大量流失，造成经济扭曲和不稳定，导致经济调控政策失灵。在一些国家，非法资金经过清洗后，有相当一部分流向境外，大量资金外流给经济建设带来了严重的负面影响。

(2) 洗钱损害金融机构的声誉。金融机构内部工作人员徇私舞弊，就有可能使金融机构不能全面地了解自己的顾客。一旦金融机构的少数职员和犯罪分子勾结洗钱，或不法分子采取种种手段利用金融机构洗钱的丑闻被新闻媒体曝光，就会影响金融机构在公众中的形象和声誉，削弱公众对金融机构的信任，进而影响其资金来源和经济效益。

（3）对一国的金融市场产生不良影响。在一国资本市场对外开放的条件下，赃款流入一国金融市场可能会产生多方面影响，比如影响一国汇率的变动，在赃款流入国货币对外汇率上升的情况下，外汇很可能引起合法资本外流。赃款外逃和合法资本外流要靠增加出口、减少进口来“补偿”，这样留给国内居民用于消费和投资活动的商品和劳务就会越来越少。

（4）洗钱者将赃款投资于一国经济的某些领域，可能会控制一国经济的某些方面。大量赃款投入到一国的某些产业，会对这些产业产生某种程度的控制作用。此外，洗钱者在向一国输入赃款的同时也输入了一些非法活动，会对一国经济产生不利影响。

（5）影响企业的生存与发展。目前，一些国家的法律规定，洗钱罪的犯罪主体是自然人和法人，有的国家还规定洗钱罪除对企业判处罚金外，还应追究企业负责人的责任。此事一旦被媒体披露，将严重影响企业的形象和声誉，进而危及企业的生存与发展。

39 地下钱庄在洗钱活动中充当什么角色?

地下钱庄是为了获取非法利益而非法成立的主要经营货币、信用业务的非法金融机构，亦称地下银行。

(1) 地下钱庄主要经营本国的货币及信用业务，并逐渐从本国货币及信用业务拓展到外国货币及信用业务，其分支机构也渗透到世界各主要国家和地区。

(2) 地下钱庄会逐渐演化成为向世界各国毒品、走私、腐败、恐怖、有组织犯罪等各种犯罪转移、漂洗黑钱的重要渠道之一。

(3) 洗钱者先将资金转移到地下钱庄，然后地下钱庄将资金转移到异地或国外的分支机构，并遵照洗钱者要求的币种按照当日的一定汇率将资金打入洗钱者指定的账户，洗钱者便可以自由地支配使用该资金。

40 地下钱庄对我国金融有何危害?

(1) 地下钱庄冲击了现存的金融体制。地下钱庄以其非法性、对资金来源的不审查性、脱离监管性吸纳了大量的可疑资金，形成了它自己的非法资本交易、流动的市场和渠道，因此，它冲击和破坏着现存的金融管理体制，就像隐匿于千里之堤的蚁穴，危害性极大，会影响到整个金融体系的稳定和安全。

(2) 地下钱庄助长了资本外逃。地下钱庄通过大量套取现金、走私货币，协助国内资本逃出境外，帮助境内部分外商投资企业抽逃资本和非法转移利润，帮助国际游资自由出入国境，形成了一条资本自由流动的通道，冲破了人民币与外币在资本项目上不可自由兑换的规定，隐藏着巨大的金融风险。

(3) 地下钱庄破坏了我国的外汇管理制度。中国长期以来一直实行外汇管理制度，这一制度还将继续实行，而地下钱庄却在这一管理制度之外形成了非法的外汇交易市场，其对外汇管理的冲击主要体现在：它是在正常的外汇收支之外形成的一个巨大黑洞，造成监管当局无法对外汇收支规模全面把握，从而影响到对外汇形势的判断和相关外汇政策的制定；管理当局也无法监管地下银行的外汇交易，使外汇管理政策形同虚设。此外，地下钱庄冲击着国家的货币流通和货币供给，所以，它削弱了外汇管理政策。

地下钱庄洗钱

（4）地下钱庄逃避了金融机构反洗钱当局的监管，成为洗钱的重要场所。我国的反洗钱机构设在人民银行，其工作范围只能局限在合法金融机构，而地下钱庄是存在于地下的非法金融机构，反洗钱管理机构无法对它的可疑资金进行有效监控，因此，大量的可疑资金从合法机构流向地下钱庄。这样，既削弱了合法金融机构的经营范围和经营规模，又使地下钱庄成为洗钱的重要场所。

41 怎样反洗钱?

（1）概念。是指国家动用立法机关、反洗钱行政监管部门、司法机关，组织有关的金融机构、商业机构、社会机构，对非法资金、洗钱行为和洗钱者予以识别，对非法资金予以冻结、划拨、没收，对洗钱者和相关机构予以惩罚，从而达到阻止洗钱犯罪活动目的的全过程。

（2）识别。是指银行、海关、公安机关及其他有关的商业机构和非商业机构，将日常工作中发现的大额可疑资金的提取、划转及可疑资金运送等记录和信息资料报送给政府反洗钱机构，反洗钱机构对这些情况进行汇总和综合分析、判断，确定可疑行为的过程。

（3）侦查。是指海关、公安机关对初步识别的可疑行为进行专门调查，对可疑资金的动向进行严密的跟踪监测，对提取、划转、运送可疑资金的洗钱者和关联人进行追查和监控，查清犯罪分子洗钱事实的过程。

（4）处理。是指公安机关、检察机关、审判机关针对已查清的洗钱犯罪事实，对非法资金、洗钱者和关联人依法进行行政处罚或追究刑事责任的过程。

42 什么是《巴塞尔声明》?

《巴塞尔声明》即巴塞尔银行监管委员会1988年12月通过的《关于防止犯罪分子利用银行体系洗钱的声明》，是迄今对国际社会反洗钱方面的合作有较大影响的文件。

《巴塞尔声明》的基本宗旨是通过制定“职业道德准则”，鼓励银行业采取共同立场，以确保银行业不被用于隐藏或清洗来源于犯罪活动特别是贩毒的资金。声明系统地阐述了银行业反洗钱的基本原则，侧重于指导思想上的说明。

该声明“职业道德准则”的核心内容如下：

（1）了解客户的真实身份。

（2）遵守法律。银行经理层应保证银行的业务活动符合高标准的职业道德准则，保证法律和条例得到遵守和执行。

（3）与执法机构的合作。在当地有关客户保密的法律所允许的范围之内，银行应与本国的执法当局充分合作。

（4）制定反洗钱的政策和程序。所有银行均应制定符合本声明所确立准则的政策，并确保有关职员能知悉该项政策，银行应实施特定的程序来了解客户的真实身份和保存有关交易的内部记录。

为了最大限度地发挥上述准则的作用，巴塞尔银行监管委员会将之推荐给各国银行监管机构，一些民间国际金融组织也认可和采纳了该准则。

43 什么是《联合国禁止非法贩运麻醉药品和精神药物公约》?

《联合国禁止非法贩运麻醉药品和精神药物公约》制定于1988年12月，生效于1990年11月。制定公约的主要原因是：

（1）国际社会使用传统的刑法手段打击毒品犯罪未能取得显著成效。

（2）吸毒、贩毒的危害日趋严重。

（3）清洗毒资在国际洗钱活动中所占比重最大。

（4）毒品犯罪损害合法的经济体系，危及各国的稳定、安全和主权。

（5）毒品犯罪可获得巨额利润，从而使跨国犯罪集团能够渗透、污染和腐蚀各国的政府机构，滋生腐败。

（6）打击毒品犯罪是国际社会的共同责任，必须在国际范围内采取联合协调行动。

毒品犯罪日益猖獗，由此引起的洗钱活动也日趋上升，上述公约的制定为有效地打击贩毒引起的各种犯罪和洗钱活动提供了法律依据。该《公约》的一个重大进步就是把国际上日益猖獗的为贩毒分子“洗钱”的行为确定为犯罪。明确规定毒品洗钱犯罪的性质是犯罪行为，为有效地打击贩毒洗钱犯罪提供了国际法律依据，并有利于在全球范围内为全面打击毒品犯罪所采取的合作性协调行动。

44 什么是《联合国打击跨国有组织犯罪公约》?

2000年12月15日，联合国在意大利西西里岛巴勒莫市召开了关于制定《联合国打击跨国有组织犯罪公约》外交大会，来自世界各国的代表正式通过并签署了这部公约。

2000年该《公约》在借鉴欧洲理事会《关于洗钱、搜查、扣押、没收犯罪所得的公约》和《泛美反洗钱模式协定》的相关规定的基础上，对洗钱犯罪行为的规定更加合理化。

《公约》对“洗钱”的一般定义为：明知财产为犯罪所得，为隐瞒或掩饰该财产的非法来源，或为协助任何参与实施上游犯罪者逃避其行为的法律后果而转换或转让财产；明知财产为犯罪所得而隐瞒或掩饰该财产的真实性质、来源、所在地，处置、转移所有权或有关的权利。

《公约》对上游犯罪、没收对象、国际合作补充了新的内容，《联合国打击跨国有组织犯罪公约》是打击毒品犯罪和洗钱犯罪的新的里程碑，它吸收了《联合国禁毒公约》的基本精髓，在洗钱、没收、控制等方面作了进一步规定，对打击洗钱、毒品犯罪的国际合作具有重要作用。

45 什么是《制止向恐怖主义提供资助的国际公约》?

联合国大会1999年12月9日通过了《制止向恐怖主义提供资助的国际公约》。

(1) 该《公约》详细规定了向恐怖主义提供资助的犯罪行为的情形，对“资金”也作了定义，它是指所有各种资产。

(2) 每一缔约国应酌情采取措施在本国国内法中规定《公约》所述罪行为刑事犯罪，并根据罪行的严重性质，以适当刑罚惩治这些犯罪。

(3)《公约》不仅规定对自然人犯罪进行处罚，而且对负有责任的法律实体也规定应予以制裁，对法人责任的规定可以有效防止和惩治法人犯罪。

(4) 在管辖权问题上，《公约》规定了强制管辖和任意性管辖；考虑到向恐怖主义提供资助行为具有跨国性，《公约》专门规定了实行金融控制的一系列预防犯罪措施。

(5)《公约》采纳了“了解你的客户”可疑交易报告和银行记录保存等国际反洗钱措施。

(6)《公约》规定冻结恐怖主义分子资产，打击向恐怖主义提供资助的犯罪行为，切断恐怖主义的资金来源。

(7)《公约》进一步完善了控制跨国洗钱的国际合作机制。

46 什么是《联合国反腐败公约》?

第五十八届联合国大会于2003年10月31日通过了《联合国反腐败公约》。

(1) 内容。共分8章，包括：总则，预防措施，定罪、制裁、救济及执法，国际合作，资产的追回，技术援助和信息交流，实施机制以及最后条款。

(2) 明确了原则。坚持多学科、广领域的预防战略；坚持政府主导和社会参与的相互促进；坚持各国依法独立开展反腐败的同时加强国际合作；坚持对腐败犯罪行为的打击、预防和对腐败犯罪所得监控、剥夺并重。

(3) 明确了定罪范围。主要包括：贿赂、贪污、挪用公款、影响力交易、窝赃、滥用职权、资产非法增加、对犯罪所得洗钱、妨害司法等。

(4) 明确了惩治措施。各缔约国定期评估有关法律文书和行政措施是否能有效预防和打击腐败；确立专门的、具有必要独立性和人力物力资源保证的预防性反腐败机构；加强审判、检察人员的廉洁性，并发挥他们在预防腐败方面的重要作用；建立、完善境外追逃、追赃机制，一国在缴获贪污受贿或非法转移到国外的资产后，应将其返还原所有国；坚持有关引渡的基本法律原则、司法惯例，不应考虑将《公约》规定的犯罪视为政治犯罪。

47 什么是金融行动特别工作组（FATF）?

金融行动特别工作组是西方七国（美、日、德、法、英、意、加）集团创立的。1989年，西方七国首脑会议决定，成立一个国际特别工作组专门处理洗钱问题，结果就产生了不隶属于任何国际组织的金融行动特别工作组。现在它的成员包括29个国家和地区，下分六个区域性小组。

金融行动特别工作组的第一个任务是决定采取什么措施发现和阻止洗钱。工作组最初的工作成果是发表了《40项建议》，即现在全世界都知道的《FATF的40项建议》。《建议》覆盖了三个领域——立法、金融管理和执法。

A国欧洲事务部长洗钱

（1）在立法方面，第一步是确认洗钱是一种犯罪行为，并制定法律措施以保证能够对洗钱所得财产进行没收。

（2）在金融管理领域，必须禁止匿名账户，并在金融机构确立识别和报告可疑交易的程序。

（3）在执法方面，必须对其他国家在洗钱调查、起诉方面进行最广泛的协作，并有能力引渡被指控犯有洗钱罪的人。

48 什么是FATF《40+9项建议》?

金融行动特别工作组（FATF）提出的《40项建议》，是建立在《巴塞尔声明》基础上于1990年2月提出的《关于洗钱问题的40项建议》（简称《40项建议》）。《40项建议》对各国和地区如何在立法、执法、金融和非金融等领域完善反洗钱措施以及加强国际合作方面提出了相关建议。它侧重于制定具有操作性和现实性的具体实施办法，是巴塞尔原则的进一步深化。其中，预防观念是该建议的指导思想。

“9·11”事件后，防范和打击与恐怖融资有关的洗钱犯罪活动成为国际反洗钱合作的重要内容，2001年10月FATF在《40项建议》的基础上，针对防范和打击恐怖融资提出了8条特别建议，并于2004年10月22日又通过了1项特别建议。这9项特别建议与《40项建议》合称《40+9项建议》。

49 FATF《40项建议》有何作用?

1990年2月，金融行动特别工作组提出了关于全球洗钱问题的专题报告——《关于洗钱问题的建议》(又称《40项建议》),确立了反洗钱行动的国际标准。

(1)《40项建议》具有反洗钱行动国际标准的作用。金融行动特别工作组《40项建议》首先被各成员国接受和实施。

(2)为了推动亚洲地区金融行动特别工作组的非成员国接受并采用《40项建议》,金融行动特别工作组于1995年设定了亚洲秘书处,专门负责与亚洲各国立法、金融和执法领域之间的联系并提供反洗钱培训。

(3)金融行动特别工作组还寻求亚洲—太平洋经济合作论坛的支持,并与后者一起推动《40项建议》在亚洲非成员国的实施。同时,《40项建议》作为反洗钱行动的国际标准,已经被越来越多的国家和地区接受和实施。

(4)目前,据美国政府的统计,占世界人口85%和全球经济产量约90%~95%的大约130个独立司法管辖区作出了执行《40项建议》的承诺,它与艾森蒙特组织反洗钱信息交流制度共同构成了现代国际反洗钱活动的两大基石。

50 FATF打击恐怖融资的八条特别建议是什么?

2001年10月29日至30日的华盛顿特别会议上,通过了金融行动特别工作组打击恐怖融资的八条特别建议。具体内容如下:

(1)立即采取步骤,确认并执行联合国有关公约;

(2)将资助恐怖主义、恐怖分子的活动和恐怖主义组织刑事化；

（3）冻结并没收恐怖分子的资产；

（4）举报与恐怖主义有关的可疑交易；

（5）尽力协助其他国家的执法和监管机构侦查恐怖分子的筹资活动；

（6）对其他汇款机制实施反洗钱规则；

（7）加强在国际给本地电汇过程中识别客户资料的措施；

（8）防止不法分子通过团体特别是非盈利机构资助恐怖活动。

51 中国人民银行发布的“一个规定、两个办法”的主要内容是什么?

中国人民银行发布的专门针对洗钱等违法犯罪活动的“一个规定、两个办法”，标志着我国金融机构反洗钱步入了法制化轨道。

(1)《金融机构反洗钱规定》。主要规范了金融机构的反洗钱活动，有利于防止金融机构被违法犯罪分子利用从事洗钱犯罪活动。它规定了在我国境内依法设立和经营金融业务的机构，包括政策性银行、商业银行、信用合作社、邮政储汇机构、财务公司、信托投资公司、金融租赁公司和外资金融机构等金融机构反洗钱的工作原则、反洗钱的义务、可疑交易的报告程序以及法律责任等。

(2)《人民币大额和可疑支付交易报告管理办法》。主要规范人民币支付交易报告行为，防范利用银行支付结算进行洗钱等违法犯罪活动。它明确提出了银行在办理支付结算业务中的大额支付交易和可疑支付交易的标准，规定了银行进行大额和可疑支付交易报告的职责、报告的内容和程序以及相关的法律责任。

(3)《金融机构大额和可疑外汇资金交易报告管理办法》。主要明确了外汇管理局和金融机构在反跨境洗钱方面的工作职责，金融机构大额和可疑外汇资金交易的识别标准、相关的报告程序以及法律责任等。

52 反洗钱的主要手段有哪些?

为了控制洗钱犯罪在全球的蔓延，世界各国采取了许多措施打击洗钱犯罪活动，这些措施基本分为：

（1）经济手段。通过立法，赋予金融机构等经济组织反洗钱职责，使金融机构等其他经济组织承担反洗钱义务。这些机构在日常经营活动中，利用自己的业务手段和现代高科技技术对经营活动进行资料保存、监测、识别、跟踪、报告等，对发现的可疑行为向反洗钱主管当局或公安机关反馈。这是反洗钱最核心的手段。

（2）行政手段。行政手段是指一国反洗钱主管当局运用自己的专门机构和法律赋予的权力，依法查处洗钱者及相关组织和人员，没收非法资金，向司法机关移送已构成洗钱犯罪的组织和人员等一系列措施。其特点是利用行政管理权力依法监督、管理、规范金融机构和非金融机构日常经营过程中的行为，达到查获和处罚洗钱活动的目的。

（3）司法手段。侦查机关对反洗钱当局移送的洗钱线索和案件立案侦查，构成犯罪的，移送公诉机关；公诉机关对其进行审查，对符合洗钱犯罪构成的案件，移送审判机关；审判机关对构成洗钱罪和其他犯罪的，依法进行惩处。司法手段通过最严厉的制裁措施对洗钱活动进行打击和惩处，起到警示社会的作用。

当然，反洗钱是一个系统工程，需要方方面面的配合。反洗钱不是借助一两种措施就可以奏效的，需要“多管齐下”、综合治理，才能达到打击洗钱犯罪活动的目的。

53 “了解你的客户”原则的具体内容是什么？

1997年9月，巴塞尔银行监管委员会制定的《有效银行监管的核心原则》规定：“银行监管者必须确定银行具有完善的政策、做法和程序，其中包括严格的‘了解你的客户’的政策，以促进金融部门形成较高的职业道德与专业标准，并防止银行有意或无意地被罪犯所利用。”这是“了解你的客户”原则最早以国际公约形式被明确体现。

“了解你的客户”原则具体为：

(1) 要求银行应获得其直接客户的完整有效的身份信息。银行机构在与其直接客户建立或进行业务关系时，特别是在开立新账户或存折进行信托交易、租借保管箱或从事超过法律限定数额的现金交易时，应通过建立有效的内部程序，要求客户提供诸如身份证、护照、出生证、驾驶执照、合同契约、公司文件以及其他官方或私人文件等有效证件，获取并保存客户个人身份、代表能力、住所、法律能力、职业等可靠身份信息以及是“偶然客户”还是“经常客户”等其他身份信息。

(2) 要求银行应努力获得其间接客户的真实身份，防止犯罪分子通过代理人或前置公司进行洗钱活动。在银行切实遵守第一层含义的情况下，洗钱者一般不愿意与银行发生直接关系，他们往往隐蔽在后台，通过代理人或前置公司进行交易。这就要求银行采取合理的措施，以确定客户的真实身份和交易目的。

（3）要求银行应掌握和熟悉其重要客户的经营范围、经营规模、经营特点及资金流量流向规律，并在此基础上对客户的现金交易及账户交易等保持审慎态度。

54 巴塞尔银行监管委员会对“了解你的客户”原则的规定是什么？

巴塞尔银行监管委员会1988年12月发布了《巴塞尔原则声明》。根据该声明的要求，“为了确保金融系统不被用作犯罪资金的转移渠道，银行应采取适当的措施确定所有要求该机构提供服务的客户的真实身份。特别应注意辨别所有账户的所有权和使用保管箱设施者的身份。所有银行均应设置有效的程序，以了解新客户的身份。银行不可与未能提供身份证明的客户进行重大业务交易”。

1997年9月，巴塞尔银行监管委员会发布了《有效银行监管的核心原则》。该原则建议：假如银行与毒品贩子和其他罪犯有联系，尽管通常对此类犯罪活动不负责任，公众对银行的信心仍可能遭到损害。因此，尽管银行监管者一般不负责对洗钱犯罪进行起诉，但他们应该保证银行的工作程序可以避免与毒品贩子或其他犯罪发生联系，其中包括严格的“了解你的客户”原则。

巴塞尔银行监管委员会确立了“了解你的客户”原则，丰富了1988年提出的“客户身份识别”原则的内涵，对充分发挥银行业在反洗钱中的预防和控制作用，有效防止犯罪分子利用银行系统进行洗钱活动，具有重要的指导意义。

55 金融行动特别工作组对“了解你的客户”原则的规定是什么?

金融行动特别工作组1990年2月发布的资本洗涤问题金融行动特别工作组《40项建议》中对“了解你的客户”原则作出的规定是:

(1) 金融机构不应设立匿名账户，或明显是假姓名的账户；应该要求金融机构在建立业务关系或进行交易时，须以官方证件或其他可靠的身份证明为依据，识别其惯常或偶尔客户的身份。

(2) 如果金融机构怀疑客户可能代人交易，诸如外埠公司等情况的，就应采取合理措施以了解开户者或交易对象的真实身份情况。

56 我国银行业是怎样规范账户管理的?

银行账户管理办法规定:

(1) 银行业对开立结算的客户，应当对其账户种类、开户资料合法性和真实性的审查、单位银行账户向个人银行账户划转资金的控制、现金支取的账户管理等方面进行管理。

(2) 将银行结算账户按存款人分为单位银行结算账户和个人银行结算账户。单位银行结算账户包括个体工商户凭营业执照以字号或经营者姓名开立的银行结算账户，个人银行结算账户是存款人凭个人身份证件以自然人名称开立的银行结算账户。

(3) 自然人因投资、消费、结算等需要可以开立办理支付结算业务的存款账户。

(4) 境内机构、驻华机构一般不允许开立外币现钞账户。

(5) 个人及来华人员一般不允许开立用于结算的外汇账户。

57 什么是实名?

实名是指符合法律、行政法规和国家有关规定的身份证件上使用的姓名。

下列身份证件为实名证件:

(1) 居住在境内的中国公民,为居民身份证或者临时居民身份证;

利用替身户口洗钱

(2) 居住在境内的16周岁以下的中国公民，为户口簿；

(3) 中国人民解放军军人，为军人身份证件；

(4) 中国人民武装警察，为武装警察身份证件；

(5) 香港、澳门居民，为港澳居民往来内地通行证；

(6) 台湾居民，为台湾居民来往大陆通行证或者其他有效旅行证件；

(7) 外国公民，为护照。

58 什么是个人存款实名制?

根据个人存款账户实名制规定，我国个人存款账户实名制是指个人在金融机构开立存款账户办理储蓄存款时，应当出示本人法定身份证件，使用本人身份证件上的姓名，金融机构要按照规定进行核对，并登记身份证件上的姓名和号码，以确定储户对开立账户上的存款享有所有权的一项制度。

实施个人存款账户实名制的主要目的是为了保证个人存款账户的真实性，保护存款人的合法权益；实施个人存款账户实名制后，使存款人在遗失存单（折）时切实行使挂失权，定期存单提前支取得以顺利办理，有效减少因同名同姓问题而引发的存单纠纷，提高个人存款的安全性；实施个人存款账户实名制，可以大大减少不法分子用匿名账户洗钱现象的发生。

59 金融机构如何执行个人账户实名制?

(1) 在金融机构开立个人存款账户的，金融机构应当要求其出示本人身份证件进行核对，并登记其身份证件上的姓名和号码；代理他人在金融机构开立个人存款账户的，金融机构应当要求其出示被代理人的身份证件进行核对，并登记被代理人和代理人的身份证件上的姓名和号码；不出示本人身份证件或者不使用本人身份证件上的姓名的，金融机构不得为其开立个人存款账户。

（2）金融机构及其工作人员负有为个人存款账户的情况保守秘密的责任。金融机构不得向任何单位或者个人提供有关个人存款账户的情况，并有权拒绝任何单位或者个人查询、冻结、扣划个人在金融机构的款项；法律另有规定的除外。

（3）金融机构违反相关规定的，由中国人民银行给予警告，可以处1000元以上5000元以下的罚款；情节严重的，可以并处责令停业整顿，对直接负责的主管人员和其他直接责任人员依法给予相应处分；构成犯罪的，依法追究刑事责任。

60　报告、披露制度与为客户保密原则矛盾吗?

报告、披露制度与为客户保密原则二者不矛盾。其理由是：

（1）反洗钱制度和规则要求建立大额交易报告制度、客户资料记录保存制度、可疑支付披露制度，而金融机构、非金融机构、律师机构、会计机构提供的服务特点要求为委托客户承担“保密义务”，但金融系统经过多年的实践，已经形成了一套完整有效的反洗钱法规制度和机制，将了解客户、大额交易报告制度、保存客户资料记录、披露可疑交易和为客户保密等原则相结合，现实中也没有客户因反洗钱而拒绝使用金融工具。

(2) 非金融机构如财务公司、上市公司也有一套完整的报告、保存、披露机制，反洗钱并不影响其业务发展。

(3) 就律师、会计等行业而言，通过律师、会计师行业组织制定从业规则，赋予其控制洗钱的义务，如大额现金交易和可疑交易报告，从而扩大反洗钱的范围。这些义务的增加，并不排斥和妨害特殊行业为客户保密的义务。

61 金融机构应怎样履行报告制度?

金融机构为客户提供金融服务时，发现下列情况，应当按照有关规定，向中国人民银行或者国家外汇管理局报告。

(1) 大额转账支付，由金融机构通过相关系统与支付交易监测系统连接报告。大额现金收付，由金融机构通过其业务处理系统或书面方式报告。可疑支付交易，由金融机构进行柜面审查，通过书面方式或其他方式报告。

(2) 金融机构办理大额转账支付，由各金融机构于交易发生日起的第2个工作日报告中国人民银行总行。大额现金收付，由金融机构于业务发生日起的第3个工作日报送人民银行当地分支行，并由其转报中国人民银行总行。

(3) 政策性银行、国有独资商业银行、股份制商业银行的营业机构发现可疑支付交易的，应填制《可疑支付交易报告表》，并报送一级分行。一级分行经分析后，应于收到《可疑支付交易报告表》后的第3个工作日报送中国人民银行当地分行、营业管理部、省会（首府）城市中心支行，同时报送其上级行。

城市商业银行、农村商业银行、城乡信用合作社、外资独资银行、中外合资银行和外国银行分行营业机构发现可疑支付交易的，应填制《可疑支付交易报告表》，并报送中国人民银行当地分行、营业管理部、省会（首府）城市中心支行和其他地市中心支行。中国人民银行其他地市中心支行于收到《可疑支付交易报告表》后的第3个工作日报送所在省的中国人民银行分行、营业管理部、省会（首府）城市中心支行。

（4）金融机构的营业机构经过分析，人民币支付交易明显涉嫌犯罪、需要立即侦查的，应立即报告当地公安机关，并及时报告其上级单位。

（5）中国人民银行分行、营业管理部、省会（首府）城市中心支行应分析金融机构报送的《可疑支付交易报告表》，需要金融机构补充资料或进一步作出说明的，应立即通知金融机构说明情况。

（6）中国人民银行分行、营业管理部、省会（首府）城市中心支行应对金融机构报送的《可疑支付交易报告表》按照汇总每周第1个工作日向中国人民银行总行报告。对重大的可疑支付交易，应立即报告中国人民银行总行。

62　什么是可疑交易？

可疑交易是指金融机构在对客户及其金融交易进行必要了

解的基础上，预期与该客户应有的交易方式、交易内容、交易行为等不相吻合的金融交易。

可疑交易的识别标准，是金融监管部门和金融机构根据其日常业务中发现的洗钱活动的常见形式，归纳和总结出的洗钱活动的一般表现。这些标准一般由金融监管部门提出，作为金融机构对其业务活动进行分析和判断的标准；也可以由金融机构归纳提出，或结合自身的业务特点及特殊要求、参考金融监管部门的标准进行补充完善后提出。

63 可疑交易的识别方法有哪些?

（1）向客户了解法。金融机构的职员在为客户办理业务时，如果发现其所办理的业务出现一项或是多项符合可疑交易识别标准的情况时，就应该主动向客户了解有关该笔交易的情况，如交易原因、资金来源、用途以及交易双方的身份等，并在此基础上，结合职员自身对有关交易的常识、已有的客户信息资料等，判断该笔交易是否合乎情理或符合一般的业务特征。

（2）查阅记录法。对银行已经保存的客户资料，包括企业营业执照、法定代表人身份、企业经营状况、经营规模、经营范围、经营特点、交易资金的来源和去向、交易频率等进行查阅，判断该客户所从事的交易活动是否可疑。

（3）经验判断法。金融机构的工作人员通过自己的经验，对客户所办理的交易业务进行主观判断，确定该项交易是否可疑。

（4）汇总分析法。金融机构工作人员还可以利用上述三种方法获得的信息进行汇总、分析，得出交易是否属于可疑交易的结论。

64 为什么要完善可疑交易识别标准？

洗钱的手段、形式是变化的，可疑交易识别标准也不是一成不变的。由于金融机构从业人员更多地被洗钱犯罪分子利用，金融工具和金融衍生产品更加多样和复杂，电子化、网络化被金融机构更多地采用，金融机构应该利用自己的优势不断发现和总结利用金融机构洗钱的新方式，反洗钱当局应该不断地总结、补充、改进、完善识别可疑交易的标准。

65 哪些支付交易属于大额支付交易？

人民币支付交易是指单位、个人在社会经济活动中通过票据、银行卡、汇兑、托收承付、委托收款、网上支付和现金等方式进行的以人民币计价的货币及其资金清算的交易。

大额支付交易是指规定金额以上的人民币支付交易。

下列支付交易，属于大额支付交易：

（1）法人、其他组织和个体工商户之间金额100万元以上的单笔转账支付；

（2）金额20万元以上的单笔现金收付，包括现金缴存、现金支取和现金汇款、现金汇票、现金本票解付；

（3）个人银行结算账户之间以及个人银行结算账户与单位银行结算账户之间金额20万元以上的款项划转。

66 哪些外汇交易属于大额外汇资金交易？

大额外汇资金交易是指交易主体通过金融机构以各种结算方式发生的规定金额以上的外汇交易行为。

下列外汇交易，属于大额外汇资金交易：

（1）当日存、取、结、售汇外币现金单笔或累计等值1万美元以上；

（2）以转账、票据或银行卡、电话银行、网上银行等电子交易以及其他新型金融工具等进行外汇非现金收付交易，其中，个人当天单笔或累计等值外汇10万美元以上，企业当天单笔或累计等值外汇50万美元以上。

67 应对哪些外汇非现金交易进行核查和报告？

金融机构应当对符合下列情形的外汇非现金交易进行核查，发现涉嫌洗钱事件上报并附相关附件。

（1）居民个人办理个人实盘买卖业务时，频繁转换币种，明显不谋求盈利的；居民个人外汇账户频繁收到境外汇入的外汇后，要求银行开旅行支票或汇票的；

（2）非居民个人外汇账户频繁作出订购或兑现大量旅行支票或汇票的；企业在开立外汇账户时，多次拒绝向银行提供有关开户所需的证明文件或不愿提供一般信息的；

（3）企业集团内部外汇资金往来划转超出实际业务交易金额的；

（4）企业结、售汇单证不全，结、售汇金额突然增大，结、售汇频率加快或者结、售汇金额明显超过其正常经营水平的；

（5）企业在银行办理出口入账手续时，无有效商业单据却频繁领取结汇水单（核销专用联），或拒绝提供有效商业单据而频繁领取结汇水单（核销专用联）的；

（6）企业频繁、大量发生捐赠、广告、会展等收汇、结汇及付汇，与其业务范围明显不符的；企业频繁、大量发生买卖专有技术、商标权等无形资产项下的收汇、结汇及付汇，与其业务经营明显不符的；

（7）企业支付的运保费及佣金明显与其进出口贸易不符的；

（8）企业经常存入旅行支票及外币汇票存款，特别是此类支票及汇票是境外开具，与其经营状况不符的；

（9）企业突然还清逾期外汇贷款，而款项来源不明或与客户背景不相符的；

（10）企业申请以其机构或第三者拥有的资产或信用作为贷款的担保，而这些资产来源不明或与客户背景不相符的；

（11）利用无贸易背景信用证或其他方式在境外融资的；

（12）企业在办理外汇买卖业务时，在明知有损失的情况下，仍坚持办理的；

（13）企业要求进行本外币间的掉期业务，而其资金的来源和用途不明的；

（14）外商投资企业外方投入资本金数额超过批准金额或借入的直接外债从无关联企业的第三国汇入的；

（15）外商投资企业外方投入资本金或借入外债结汇的人民币转入证券等投资领域的银行账户，与其经营状况不符的；

（16）金融机构外汇现金账户收、付金额与外汇存款规模明显不符，或波动明显超过外汇存款的变化幅度的；

（17）金融机构系统内外汇资金往来账户收支与日常业务经营状况明显不符的；

（18）金融机构同业往来账户，在岸与离岸业务往来账户，与境外分支机构的往来账户收付情况与日常业务经营状况明显不符的；

非法买卖外汇洗钱

（19）金融机构与其关联企业的外汇信贷、结算业务在短期内急剧增加或减少的；

（20）金融机构以大额外币现金投保的。

68 什么是保存客户信息资料制度？

（1）金融机构在反洗钱中最重要的手段是保存客户资料和交易记录。

（2）客户资料是金融机构服务的客户的姓名、年龄、性别、国籍、住所、护照、身份证、驾照等证明文件和类似的文件记录或副本，如公司的名称、法人代表、股东、被提名人、住所等真实身份。

（3）交易记录是指现金交易、转账支付、汇兑、兑换、保管、信托、保险、租赁等交易的各种记录，包括交易金额、资金来源、资金来去方式、资金去向、客户指令和授权、受益人。

识别洗钱行为必须借助一定的资料和记录，金融机构必须在开立账户和交易过程中保存以上客户资料信息和交易记录，以便通过回顾、对比，寻找非法交易的蛛丝马迹，尽快查找出洗钱者和黑钱的下落。各国一般要求保存期限为账户关闭后5年之内。

69 如何在保险业中进行反洗钱？

鉴于保险业已成为银行金融机构外的重要洗钱场所，因此，要防止洗钱者利用保险业洗钱，除了要完善保险法律法规、建立大额可疑交易的报告分析制度、客户识别制度、客户资料记录保存制度外，还应重视以下几点：

(1) 由于保险经纪人的出现使洗钱活动更加隐蔽和复杂，因此，要特别重视保险经纪人所代理的保险业务。

(2) 重视投保人付款方式。保单签订后，支付大额现金为保费或款项来历不明，或者与担保人经济收入有差距的，应引起重视。

(3) 重视出资者、投保者、受益人的关系。对同一种保单中三者不一致者，应特别重视。

(4) 对跨国人身保险业务和人身再保险业务要引起重视，防止洗钱者利用离岸保险公司和再保险业务洗钱。

70 如何防止利用信托业洗钱?

世界各国普遍都将建立一定金额以上资金交易报告分析制度，作为银行金融机构反洗钱的基本制度之一。信托业虽然是非银行金融机构，但交易报告分析制度同样有效。

信托业反洗钱的基本措施有以下几点：

(1) 建立健全信托法律法规，并在法律法规中设立反洗钱条款，明确反洗钱有关制度，确立信托业反洗钱机制。

(2) 在法律法规健全和完善的情况下，严格认真执行保存客户资料记录、披露可疑交易、内部报告等控制制度。

(3) 信托业应与反洗钱司法机构建立信息交流和反馈制度，

及时发现、识别、移交洗钱犯罪分子。

（4）严防信托公司雇员、职员、董事、所有人或其他授权代表参与洗钱犯罪活动。

71 如何防范利用空壳公司洗钱？

空壳公司已经成为犯罪分子洗钱常用的非金融工具之一。要防范洗钱者利用空壳公司洗钱，就必须加强以下措施：

（1）防止设立空壳公司。在我国应严禁空壳公司的设立，在公司设立时不光要查验注册资金是否足额到位，还要查验资金来源是否合法，出资股东是否真实，是否有代表他人设立公司的嫌疑。

（2）让公司承担反洗钱制度中了解客户、保存交易记录和信息披露三大义务。我国公司法虽无这方面的规定，但也朝这方面努力，所以应在公司中普及这方面的知识。

（3）充分利用金融手段查验公司的身份。金融机构有成熟的反洗钱制度和手段，只要充分利用其客户保存记录、披露信息的制度，就能查明空壳公司的洗钱目的。

（4）严肃追究洗钱空壳公司股东的法律责任。洗钱者设立空壳公司的目的，就是利用法人承担法律责任的特点作为挡箭牌逃避责任。如果查明了空壳公司的洗钱目的，就应当对公司及股东进行严惩。国际上成熟的做法是撤销公司法人资格、直接追究股东的责任，以防洗钱者逃避责任的侥幸心理。

利用空壳公司、汇票洗钱

72 如何防止通过财务公司及会计人员洗钱?

我国会计法、注册会计师法未对财务公司及会计人员反洗钱义务进行规定，因此，应尽快修改会计法及相关法规，将会计人员及从业机构纳入反洗钱的范围，对会计人员进行反洗钱知识培训，在不违背会计职业道德的情况下，要求会计人员承担报告、披露、保存义务。

73 如何防止利用律师行业洗钱?

在洗钱活动日益猖獗的今天，洗钱分子无孔不入，律师职业也已成为洗钱分子利用的行业。目前，我国应尽快修改律师法及执业律师从业规则，让律师承担反洗钱义务。首先，律师应在自己的业务中提高警惕，防止被委托人利用，不自觉地帮助洗钱；其次，律师在执业过程中也应该自觉地防止参与洗钱；再次，应在律师规则中设立虚假法律行为、交易行为反映义务。当然，这种反映是以不违反律师公共道德为前提。

74 开展反洗钱行动有何意义？

（1）有利于树立一国政府良好的对外形象。积极开展反洗钱国际合作，大力加强一国国内反洗钱工作，减少犯罪活动在一国的发生，促进社会政治稳定，维护一国国家安全，促进正常的国际交往。反洗钱行动的开展，不仅使犯罪分子非法所得的黑钱不能顺利“变白”，给跨国洗钱犯罪集团敲响警钟，而且对犯罪活动本身也是一个有力的打击。

（2）有利于遏制和打击洗钱活动的上游违法犯罪活动，维护正常的社会政治经济秩序。加强反洗钱工作，有利于惩治贪污贿赂等腐败行为；有利于遏制走私、偷税漏税、逃税骗税、逃汇骗汇、制假贩假等洗钱活动的上游犯罪行为，整顿和规范市场经济秩序；还有利于遏制恐怖分子和黑社会活动的非法资金来源，加大反恐和打黑的力度，有利于维护社会秩序的稳定。

（3）有利于维护正常的经济秩序，保证经济金融体系健康运行。犯罪分子通过犯罪活动攫取了大量的不义之财，挤占了经济资源，使得这些经济资源不能被合法的经济活动所利用，大量黑钱在世界各国的频繁转移对各国的经济金融安全产生威胁。反洗钱的开展，打击了犯罪分子转移非法所得的嚣张气焰，减少了非法资金跨境流出流入对经济金融体系造成的冲击和对正常经济生活中资源配置的扭曲，也有利于改善资源配置，保护一国经济金融的健康运行。

(4) 有利于维护社会公平和正义，使社会文化基础得到进一步巩固。反洗钱行动的开展，有力地打击了贩毒走私等犯罪活动，遏制了贪污腐败等活动的蔓延，使得犯罪分子自由挥霍犯罪所得的企图落空，有利于正本清源，巩固社会文化基础，维护社会公平和正义。

75 中国人民银行金融机构反洗钱工作领导小组的主要职责是什么?

(1) 统一监管、协调金融机构反洗钱工作；

(2) 研究和制定金融机构的反洗钱战略、规划和政策，制定反洗钱工作制度，制定大额和可疑人民币资金交易报告制度；

(3) 建立支付交易监测系统，对支付交易进行监测；

(4) 研究金融机构反洗钱工作的重大疑难问题，提出解决方案与对策；

(5) 参与反洗钱国际合作，指导金融机构反洗钱工作的对外合作交流；

(6) 其他应由中国人民银行履行的反洗钱监管职责。

国家外汇管理局负责对大额、可疑外汇资金交易报告工作进行监督管理；制定大额、可疑外汇资金交易报告制度。

76 什么是洗钱罪?

(1) 洗钱罪是指明知是犯罪收入而通过各种手段掩饰、隐瞒其来源和性质，并转移、转换该非法收入，从而违反了有关国际和地区公约、所在国的法律和法规，并应受到相关法律制裁的行为。

(2) 我国刑法规定的洗钱罪是指明知是毒品犯罪、黑社会性质的组织犯罪、恐怖活动犯罪、走私犯罪、贪污贿赂犯罪等七种犯罪的违法所得及其产生的收益，为掩饰、隐瞒其来源和性质，提供资金账户、协助将财产转换为现金或者金融票据的、通过转账或者其他结算方式协助资金转移的、协助将资金汇往境外的及以其他方法掩饰、隐瞒犯罪的违法所得及其收益的来源和性质的行为。

(3) 国际上公认的洗钱罪的概念是指明知是实施犯罪行为或者参与该种犯罪行为所得的财产，出于隐瞒或者掩饰该财产的非法来源或者帮助任何实施了上述犯罪行为的人逃避其行为法律后果的目的，而转换或者转让该财产的；明知是实施犯罪行为或者参与该种犯罪行为所得的财产，而隐瞒或者掩饰该财产的真实性质、来源、所在地，处置、转移相关的权利和所有权的；在收取财产时，明知该财产为实施犯罪行为或者参与该种犯罪行为所得，而获得、持有或者使用该财产的；参与实施，合伙或者共谋实施，实施未遂，以及帮助、教唆、便利和参谋实施上述的任何行为的。

77 如何理解洗钱罪与洗钱行为的关系？

《刑法》第191条规定的洗钱罪，是指单位或个人明知是毒品犯罪、黑社会性质的组织犯罪、恐怖活动犯罪、走私犯罪等七种犯罪的违法所得及其产生的收益，为掩饰、隐瞒其来源和性质，提供资金账户、协助将财产转换为现金或者金融票据、通过转账或者其他结算方式协助资金转移的、协助将资金汇往境外的及以其他方式掩饰、隐瞒犯罪的违法所得及其收益性质和来源的行为。

《金融机构反洗钱规定》中的洗钱，是指将毒品犯罪、黑社会性质的组织犯罪、恐怖活动犯罪、走私犯罪或者其他犯罪的违法所得及其产生的收益，通过金融机构以各种手段掩饰、隐瞒其来源和性质，使其在形式上合法化的行为。

由此可见，《金融机构反洗钱规定》所称的洗钱行为和《刑法》中的洗钱罪是两个不同的概念。“洗”来源于毒品犯罪、黑社会性质的组织犯罪、恐怖活动犯罪、走私犯罪等七种上游犯罪所得黑钱的洗钱行为才可能构成洗钱罪；而金融机构打击的洗钱行为所“洗”的脏钱，既包括七种洗钱罪上游犯罪的违法所得及其收益，也包括诈骗、逃税、侵占国有资产和其他犯罪的违法所得及其收益。根据罪刑法定的原则，“洗”来源于洗钱罪七种上游犯罪以外其他黑钱的行为不构成洗钱罪，但仍然是《金融机构反洗钱规定》所称的洗钱行为。

《金融机构反洗钱规定》所称的洗钱行为是一种违反了行政法规的违法行为，既包括一般违法行为，又包括犯罪行为；《刑法》中的洗钱罪是违反了我国刑法、应该受到刑罚制裁的犯罪行为。随着我国刑法的逐步完善，洗钱罪的上游犯罪会越来越广，但上述洗钱行为与洗钱罪仍然会有区别，这种区别会一直存在下去。

78 我国对洗钱罪作了哪些规定?

《刑法》第191条规定，明知是毒品犯罪、黑社会性质的组织犯罪、恐怖活动犯罪、走私犯罪、贪污贿赂犯罪、破坏金融管理秩序犯罪、金融诈骗犯罪的所得及其产生的收益，为掩饰、隐瞒其来源和性质，有下列行为之一的，没收实施以上犯罪的所得及其产生的收益，处五年以下有期徒刑或者拘役，并处或者单处洗钱数额5%以上20%以下罚金；情节严重的，处5年以上10年以下有期徒刑，并处洗钱数额5%以上20%以下罚金：（一）提供资金账户的；（二）协助将财产转换为现金、金融票据、有价证券的；（三）通过转账或者其他结算方式协助资金转移的；（四）协助将资金汇往境外的；（五）以其他方法掩饰、隐瞒犯罪所得及其收益的来源和性质的。

79 洗钱罪的构成要件是什么?

（1）侵犯的客体是复杂客体。它既侵犯了金融秩序，又侵犯了社会经济管理秩序，还侵犯了国家正常的金融管理活动及外汇管理的相关规定。

（2）客观方面表现为：

第一，提供资金账户。是指为犯罪人开设银行资金账户，或者将现有的银行资金账户提供给犯罪人使用。

第二，协助将财产转为现金或者金融票据。既包括将实物转换为现金或金融票据，也包括将现金转换为金融票据或者将金融票据转换成现金，还包括将此种现金（如人民币）转换为彼种现金（如美元），将此种金融票据（如外国金融机构出具的票据）转换为彼种金融票据（如中国金融机构出具的票据）。

第三，通过转账或者其他结算方式协助资金转移。

第四，协助将资金汇往境外。

第五，以其他方式掩饰、隐瞒犯罪的违法所得及其收益来源和性质。指其他掩饰、隐瞒犯罪违法所得及其产生收益的性质与来源的一切方法，如将犯罪所得投资于某种行业、用犯罪所得购买不动产，等等。

（3）犯罪主体是一般主体。包括年满16周岁以上、具有刑事责任能力的自然人和单位。

（4）主观方面的表现为故意。即行为人明知自己的行为是在为犯罪违法所得掩饰、隐瞒其来源和性质而故意为之，并在主观上希望这种结果发生。

隐瞒境外存款

80 洗钱罪与掩饰、隐瞒犯罪所得、犯罪所得收益罪的联系与区别是什么?

就联系而言，二者都属于连累犯的范畴，即行为人明知是犯罪分子的违法所得，仍事后给予了犯罪分子某种帮助。但是，从具体犯罪构成要件而言，二者存在以下区别：

(1) 侵犯的客体不同。前者侵犯的是双重客体，其中主要客体是金融管理秩序，从而该罪被归类在“破坏社会主义市场经济秩序罪”；后者侵犯的是单一客体，即社会管理秩序。

(2) 行为的对象不同。前者特指毒品犯罪、黑社会性质的组织犯罪、走私犯罪等七种犯罪的违法所得及其产生的收益，后者泛指一切犯罪所得的赃物。

(3) 行为方式不同。前者是指通过某类中介机构来隐瞒和掩饰违法所得及其收益的性质和来源，后者则包括窝藏、转移、收购或代为销售赃物四种行为。

81 洗钱罪与窝藏、转移、隐瞒毒品、毒赃罪的区别是什么?

《刑法》第349条规定的窝藏、转移、隐瞒毒品、毒赃罪与第191条规定的洗钱罪，存在以下区别：

(1) 侵犯的客体不同。前者侵犯的是双重客体，其中主要是金融管理秩序；后者侵犯的是单一客体，即社会管理秩序。

(2) 行为的对象不同。前者指毒品犯罪、黑社会性质的组织犯罪、走私犯罪等七大类罪的违法所得及其产生的收益，后者特指走私、贩卖、运输、制造毒品罪的毒品和毒赃。

（3）行为方式不同。前者指行为人通过中介机构将有关违法所得及其产生的收益的来源和性质加以隐瞒和掩饰，属于狭义上的“洗钱”行为；后者指行为人为走私、贩卖、运输、制造毒品罪的犯罪分子窝藏、转移、隐瞒毒品或者犯罪所得的财物，属于广义上的“洗钱”行为。

82 洗钱罪的量刑标准是什么?

《刑法》第191条规定，自然人犯洗钱罪的，没收犯罪所得及其产生的收益，处5年以下有期徒刑或者拘役，并处或者单处洗钱数额5%以上20%以下罚金；情节严重的，处5年以上10年以下有期徒刑，并处洗钱数额5%以上20%以下罚金。单位犯洗钱罪的，对单位判处罚金，并对其直接负责的主管人员和其他直接责任人员，处5年以下有期徒刑或者拘役；情节严重的，处5年以上10年以下有期徒刑。

83 洗钱罪的刑事案件立案追诉标准是什么?

2010年5月7日最高人民检察院、公安部印发的《关于公安机关管辖的刑事案件立案追诉标准的规定（二）》第48条规定，明知是毒品犯罪、黑社会性质的组织犯罪、恐怖活动犯罪、走私犯罪、贪污贿赂犯罪、破坏金融管理秩序犯罪、金融诈骗犯罪的所得及其产生的收益，为掩饰、隐瞒其来源和性质，涉嫌下列情形之一的，应予立案追诉：

（1）提供资金账户的；

（2）协助将财产转换为现金、金融票据、有价证券的；

（3）通过转账或者其他结算方式协助资金转移的；

（4）协助将资金汇往境外的；

（5）以其他方法掩饰、隐瞒犯罪所得及其收益的来源和性质的。

84 金融机构如何落实“建立客户身份识别制度”？

根据《反洗钱法》第16条的规定，金融机构应严格依法落实客户身份识别制度。

（1）金融机构在与客户建立业务关系或者为客户提供规定金额以上的现金汇款、现钞兑换、票据兑付等一次性金融服务时，应当要求客户出示真实有效的身份证件或者其他身份证明文件，进行核对并登记。

（2）客户由他人代理办理业务的，金融机构应当同时对代理人和被代理人的身份证件或者其他身份证明文件进行核对并登记。

（3）与客户建立人身保险、信托等业务关系，合同的受益人不是客户本人的，金融机构还应当对受益人的身份证件或者其他身份证明文件进行核对并登记。

（4）金融机构不得为身份不明的客户提供服务或者与其进行交易，不得为客户开立匿名账户或者假名账户。

（5）金融机构对先前获得的客户身份资料的真实性、有效性或者完整性有疑问的，应当重新识别客户身份。

（6）任何单位和个人在与金融机构建立业务关系或者要求金融机构为其提供一次性金融服务时，都应当提供真实有效的身份证件或者其他身份证明文件。

85 金融机构违反《反洗钱法》的情形及其法律责任是什么？

《反洗钱法》第32条规定，金融机构有下列行为之一的，由国务院反洗钱行政主管部门或者其授权的设区的市一级以上派出机构责令限期改正；情节严重的，处20万元以上50万元以下罚款，并对直接负责的董事、高级管理人员和其他直接责任人员，处1万元以上5万元以下罚款：

（1）未按照规定履行客户身份识别义务的；

（2）未按照规定保存客户身份资料和交易记录的；

（3）未按照规定报送大额交易报告或者可疑交易报告的；

（4）与身份不明的客户进行交易或者为客户开立匿名账户、假名账户的；

（5）违反保密规定，泄露有关信息的；

（6）拒绝、阻碍反洗钱检查、调查的；

（7）拒绝提供调查材料或者故意提供虚假材料的。

金融机构有前款行为，致使洗钱后果发生的，处50万元以上500万元以下罚款，并对直接负责的董事、高级管理人员和其他直接责任人员处5万元以上50万元以下罚款；情节特别严重的，反洗钱行政主管部门可以建议有关金融监督管理机构责令停业整顿或者吊销其经营许可证。

对有前两款规定情形的金融机构直接负责的董事、高级管理人员和其他直接责任人员，反洗钱行政主管部门可以建议有关金融监督管理机构依法责令金融机构给予纪律处分，或者建议依法取消其任职资格、禁止其从事有关金融行业工作。

86 《反洗钱法》所称的金融机构具体有哪些？

《反洗钱法》所称的“金融机构”包括：依法设立的从事金融业务的政策性银行、商业银行、信用合作社、邮政储汇机构、信托投资公司、证券公司、期货经纪公司、保险公司以及国务院反洗钱行政主管部门确定并公布的从事金融业务的其他机构。

87 办理洗钱罪的主要司法机关有哪些？

对涉嫌洗钱罪的犯罪嫌疑人进行侦查活动的司法机关是公安机关；批准逮捕涉嫌洗钱罪的犯罪嫌疑人和对涉嫌洗钱罪的犯罪嫌疑人提起公诉的司法机关是人民检察院；审判洗钱罪被告的司法机关是人民法院，主要是基层人民法院与中级人民法院。

88 洗钱犯罪有哪些特点？

(1) 洗钱犯罪是“下游犯罪”。它是毒品犯罪、黑社会性质的组织犯罪、走私犯罪、恐怖活动犯罪、贪污贿赂犯罪、破坏金融管理秩序犯罪、金融诈骗犯罪七种“上游犯罪”的继续，所以，洗钱犯罪必然以上游犯罪的成立为前提。

（2）洗钱犯罪的对象是犯罪收益。犯罪收益是指从犯罪中所获得的财产的总称。洗钱者通过洗钱使犯罪收益得以逃避没收并可以自由使用，使非法所得合法化，这样洗钱者就可以逃避法律制裁，可以使用犯罪收益继续进行犯罪活动。

（3）洗钱犯罪风险较小，收益丰厚。洗钱犯罪由于具有较强的隐蔽性，不易被司法机关查处，风险较小，上游犯罪组织却需要为清洗犯罪收入支付高昂的费用。上游犯罪组织从安全角度出发，为逃避法律的打击，保护犯罪收入，也宁愿支付这笔费用。

（4）洗钱犯罪具有严密的组织性和较强的隐秘性。洗钱是对隐瞒或掩盖犯罪收益并使之合法化的整个活动过程的总称。洗钱者为了达到洗钱的目的，精心设计各种洗钱手法和方式，改变犯罪收益原有的形式，使犯罪收益与合法收益融为一体，这就使得洗钱犯罪具有复杂性和较强的隐秘性。洗钱需要混合运用多种手段和方式，因此，犯罪组织在洗钱过程中往往分工细致，密切协作，表现出严密的组织性，是典型的有组织犯罪。

（5）洗钱犯罪具有较强的国际性。金融全球化通过银行的中介作用，使合法商业活动与洗钱活动之间产生了复杂的连通关系。为了成功地完成洗钱活动，洗钱者总是选择最适合洗钱的国家，他们分布在一个国家以上，甚至成为一个国际犯罪集团。洗钱活动往往涉及一个以上的国家，需要清洗的黑钱从犯罪收益的来源国流动到其他国家，清洗过程中往往可以在合法商业活动的掩护下在不同国家之间方便地实施转移，这不仅给银行识别洗钱造成了障碍，同时也增加了各国打击洗钱的难度。

（6）洗钱犯罪具有较强的专业性和技术性。现代发达的金融体系在为合法商业提供便利的同时，也为犯罪组织洗钱提供了通道。洗钱在很大程度上必须依赖于金融系统，利用复杂的金融交易和种类繁多的金融工具洗钱。因此，货币兑换所、股票经纪所、黄金交易所、保险公司以及私营银行、境外银行汇兑系统经常被当作犯罪收入转移的通道，掩护洗钱活动。与传统的洗钱活动相比，利用计算机、国际互联网、电子支付工具等高新技术已经成为现代洗钱的重要手段。

（7）洗钱犯罪一般都有掩体。洗钱者一般都通过合法的主体、合法的渠道，比如空壳公司、挂名公司、自由贸易区、赌场、车行、贸易公司以及贸易融资等渠道洗钱。

89 洗钱罪的上游犯罪包括哪些?

根据2006年6月全国人大常委会通过的《刑法修正案（六）》，洗钱罪的上游犯罪包括：毒品犯罪、黑社会性质组织犯罪、恐怖活动犯罪、走私犯罪、贪污贿赂犯罪、破坏金融管理秩序犯罪、金融诈骗犯罪，共七个上游犯罪。

90 什么是刑法第191条第1款第（5）项规定的“以其他方法掩饰、隐瞒犯罪所得及其收益的来源和性质”？

根据《最高人民法院关于审理洗钱等刑事案件具体应用法律若干问题的解释》第2条的规定，具有下列情形之一的，可以认定为刑法第191条第1款第（5）项规定的“以其他方法掩饰、隐瞒犯罪所得及其收益的来源和性质”：

（1）通过典当、租赁、买卖、投资等方式，协助转移、转换犯罪所得及其收益的；

（2）通过与商场、饭店、娱乐场所等现金密集型场所的经营收入相混合的方式，协助转移、转换犯罪所得及其收益的；

赌博洗钱

（3）通过虚构交易、虚设债权债务、虚假担保、虚报收入等方式，协助将犯罪所得及其收益转换为“合法”财物的；

（4）通过买卖彩票、奖券等方式，协助转换犯罪所得及其收益的；

（5）通过赌博方式，协助将犯罪所得及其收益转换为赌博收益的；

（6）协助将犯罪所得及其收益携带、运输或者邮寄出入境的。

91 什么是刑法第191条、第312条规定的“明知”？

根据《最高人民法院关于审理洗钱等刑事案件具体应用法律若干问题的解释》第1条的规定，刑法第191条、第312条规定的“明知”，应当结合被告人的认知能力，接触他人犯罪所得及其收益的情况，犯罪所得及其收益的种类、数额，犯罪所得及其收益的转换、转移方式以及被告人的供述等主、客观因素进行认定。具有下列情形之一的，可以认定被告人明知系犯罪所得及其收益，但有证据证明确实不知道的除外：

（1）知道他人从事犯罪活动，协助转换或者转移财物的；

（2）没有正当理由，通过非法途径协助转换或者转移财物的；

（3）没有正当理由，以明显低于市场的价格收购财物的；

（4）没有正当理由，协助转换或者转移财物，收取明显高于市场的“手续费”的；

（5）没有正当理由，协助他人将巨额现金散存于多个银行账户或者在不同银行账户之间频繁划转的；

（6）协助近亲属或者其他关系密切的人转换或者转移与其职业或者财产状况明显不符的财物的；

（7）其他可以认定行为人“明知”的情形。

被告人将刑法第191条规定的某一上游犯罪的犯罪所得及其收益误认为刑法第191条规定的上游犯罪范围内的其他犯罪所得及其收益的，不影响刑法第191条规定的“明知”的认定。

92 洗钱罪上游犯罪中“贪污贿赂犯罪”的具体罪名包括哪些？

（1）贪污罪；

（2）挪用公款罪；

（3）受贿罪；

（4）单位受贿罪；

（5）行贿罪；

（6）对单位行贿罪；

（7）介绍贿赂罪；

（8）单位行贿罪；

（9）巨额财产来源不明罪；

（10）隐瞒境外存款罪；

（11）私分国有资产罪；

（12）私分罚没财物罪；

（13）利用影响力受贿罪；

（14）对有影响力的人行贿罪。

93 洗钱罪上游犯罪中“破坏金融管理秩序罪”的具体罪名包括哪些？

（1）伪造货币罪；

（2）出售、购买、运输假币罪；

（3）金融工作人员购买假币、以假币换取货币罪；

（4）持有、使用假币罪；

（5）变造货币罪；

（6）擅自设立金融机构罪；

（7）伪造、变造、转让金融机构经营许可证、批准文件罪；

（8）高利转贷罪；

(9) 骗取贷款、票据承兑、金融票证罪；

(10) 非法吸收公众存款罪；

(11) 伪造、变造金融票证罪；

(12) 妨害信用卡管理罪；

(13) 窃取、收买、非法提供信用卡信息罪；

(14) 伪造、变造国家有价证券罪；

(15) 伪造、变造股票、公司、企业债券罪；

(16) 擅自发行股票、公司、企业债券罪；

(17) 内幕交易、泄露内幕信息罪；

(18) 利用未公开信息交易罪；

(19) 编造并传播证券、期货交易虚假信息罪；

特大操纵期货市场洗钱

(20) 诱骗投资者买卖证券、期货合约罪；

(21) 操纵证券、期货市场罪；

(22) 背信运用受托财产罪；

(23) 违法发放贷款罪；

(24) 吸收客户资金不入账罪；

(25) 违规出具金融票证罪；

(26) 对违法票据承兑、付款、保证罪；

(27) 逃汇罪；

(28) 骗购外汇罪。

94 洗钱罪上游犯罪中“走私犯罪”的具体罪名包括哪些?

(1) 走私武器、弹药罪；

(2) 走私核材料罪；

(3) 走私假币罪；

(4) 走私文物罪；

(5) 走私贵金属罪；

(6) 走私珍贵动物罪、珍贵动物制品罪；

(7) 走私珍稀植物罪、珍贵植物制品罪；

(8) 走私淫秽物品罪；

(9) 走私普通货物、物品罪；

(10) 走私固体废物罪。

(11) 走私国家禁止进出口的货物、物品罪。

95 洗钱罪上游犯罪中“黑社会性质组织犯罪”的具体罪名包括哪些？

（1）组织、领导、参加黑社会性质组织罪；

（2）入境发展黑社会组织罪；

（3）包庇、纵容黑社会性质组织罪。

黑社会赌博洗钱

96 洗钱罪上游犯罪中“金融诈骗犯罪”的具体罪名包括哪些？

（1）集资诈骗罪；

（2）贷款诈骗罪；

(3) 票据诈骗罪、金融凭证诈骗罪；

(4) 信用证诈骗罪；

(5) 有价证券诈骗罪；

(6) 保险诈骗罪。

97 洗钱罪上游犯罪中“恐怖活动犯罪”的具体罪名包括哪些？

(1) 组织、领导、参加恐怖组织罪；

(2) 资助恐怖活动罪；

(3) 劫持航空器罪；

(4) 劫持船只、汽车罪；

(5) 暴力危及飞行安全罪。

武器交易受贿洗钱

98 洗钱罪上游犯罪中“毒品犯罪”的具体罪名包括哪些?

(1) 走私、贩卖、运输、制造毒品罪;

(2) 非法持有毒品罪;

(3) 包庇毒品犯罪分子罪;

(4) 窝藏、转移、隐瞒毒品、毒脏罪;

(5) 走私制毒品罪;

(6) 非法买卖制毒物品罪;

(7) 非法种植毒品原植物罪;

(8) 非法买卖、运输、携带、持有毒品原植物种子、幼苗罪;

(9) 引诱、教唆、欺骗他人吸毒罪;

(10) 强迫他人吸毒罪;

(11) 容留他人吸毒罪;

(12) 非法提供麻醉药品、精神药品罪。

99 《反洗钱法》对“反洗钱”的定义是什么?

反洗钱是指为了预防通过各种方式掩饰、隐瞒毒品犯罪、黑社会性质的组织犯罪、恐怖活动犯罪、走私犯罪、贪污贿赂犯罪、破坏金融管理秩序犯罪、金融诈骗犯罪等犯罪所得及其收益的来源和性质的洗钱活动,依照《反洗钱》规定采取相关措施的行为。

100 中国人民银行办公厅《关于加强特定非金融机构反洗钱监管工作的通知》中规定的“特定非金融机构”有哪些?

(1) 房地产开发企业、房地产中介机构销售房屋、为不动产买卖提供服务;

(2) 贵金属交易商、贵金属交易场所从事贵金属现货交易或为贵金属现货交易提供服务;

(3) 会计师事务所、律师事务所、公证机构接受客户委托为客户办理或准备办理以下业务,包括:买卖不动产,代管资金、证券或其他资产,代管银行账户、证券账户,为成立、运营企业筹集资金,以及代客户买卖经营性实体业务;

(4) 公司服务提供商为客户提供或准备提供以下服务,包括:为公司的设立、经营、管理等提供专业服务,担任或安排他人担任公司董事、合伙人或持有公司股票,为公司提供注册地址、办公地址或通讯地址等。

101 国务院办公厅《关于完善反洗钱、反恐怖融资、反逃税监管体制机制的意见》的主要内容有哪些?

(1) 研究设计洗钱和恐怖融资风险评估体系,建立反洗钱和反恐怖融资战略形成机制;

(2) 强化线索移送和案件协查,优化打击犯罪合作机制;

(3) 加强监管协调,健全监管合作机制;

(4) 依法使用政务数据,健全数据信息共享机制;

(5) 优化监管资源配置,研究完善监管资源保障机制;

（6）推动研究完善相关刑事立法，修改惩治洗钱犯罪和恐怖融资犯罪相关规定；

（7）明确执行联合国安理会反恐怖融资相关决议的程序；

（8）加强特定非金融机构风险监测，探索建立特定非金融机构反洗钱和反恐怖融资监管制度；

（9）加强监管政策配套，健全风险防控制度；

（10）建立健全防控风险为本的监管机制，引导反洗钱义务机构有效化解风险；

（11）强化法人监管措施，提升监管工作效率；

（12）健全监测分析体系，提升监测分析水平；

（13）鼓励创新和坚守底线并重，妥善应对伴随新业务和新业态出现的风险；

（14）完善跨境异常资金监控机制，预防打击跨境金融犯罪活动；

（15）建立健全培训教育机制，培养建设专业人才队伍；

（16）有效整合稽查资源，严厉打击涉税违法犯罪；

（17）建立打击关税违法犯罪活动合作机制；

（18）加大反洗钱调查工作力度，建立健全洗钱类型分析工作机制；

（19）做好反洗钱和反恐怖融资互评估，树立良好国际形象；

（20）深化反洗钱国际合作，促进我国总体战略部署顺利实施；

（21）深化反逃税国际合作，维护我国税收权益；

（22）加强自律管理，充分发挥自律组织积极作用；

（23）持续开展宣传教育，提升社会公众参与配合意识。

102 《关于加强贵金属交易场所反洗钱和反恐怖融资工作的通知》的主要内容是什么？

（1）从事的业务或者提供的服务涉及贵金属现货交易的贵金属交易场所（以下简称“交易场所”）以及在其场所内从事贵金属现货交易的贵金属交易商（以下简称“交易商”）应当充分了解并妥善处理所在领域面临的洗钱和恐怖融资风险；

（2）交易场所、交易商应当评估本机构面临的洗钱和恐怖融资风险，建立健全与其风险水平相适应的反洗钱和反恐怖融资工作机制及风险防控措施；

（3）交易场所应当对交易商就本场所内的活动履行反洗钱和反恐怖融资职责进行管理，加强指导；

（4）针对具有不同洗钱或者恐怖融资风险特征的客户、业务关系或者交易，采取相应的客户身份识别措施，了解客户及其交易目的和交易性质，了解客户资金的来源和性质，了解实际控制客户的自然人和交易的实际受益人；

（5）交易场所、交易商识别客户身份时，应当核对客户的有效身份证件或者其他身份证明文件，登记客户身份基本信息，并留存有效身份证件或者其他身份证明文件的复印件或者影印件；

（6）交易场所、交易商应当妥善保存客户身份资料和交易记录，保存期限不少于1年，保证能够完整准确重现每笔交易，并对依法履行反洗钱和反恐怖融资义务获得的客户身份资料、交易记录及其他工作信息予以保密，除法律法规另有规定外，不得向任何单位和个人提供。

（7）交易场所、交易商发现或者有合理理由怀疑客户、客户的资金或者其他资产、客户的交易或者试图进行的交易与洗钱、恐怖融资等犯罪活动相关的，不论所涉资金金额或者资产价值大小，应当在确认可疑交易后立即向中国反洗钱监测分析中心报送可疑交易报告；

（8）对明显涉嫌洗钱、恐怖融资等犯罪活动，严重危害国家安全或者影响社会稳定，以及其他情节严重或者情况紧急的，交易场所、交易商在向中国反洗钱监测分析中心报送可疑交易报告的同时，也应当以电子形式或者书面形式向所在地中国人民银行分支机构、公安机关或者国家安全机关报案；

（9）交易场所、交易商应当采取必要的监控措施对国家有权机关公布的恐怖活动组织及恐怖活动人员名单等进行监测，不得与名单上的任何实体、组织或者个人建立业务关系，或者为其提供任何形式的服务，对与恐怖活动组织和人员等有关的资金或者其他资产，依法立即采取冻结措施，并按照规定及时向所在地公安机关、国家安全机关和中国人民银行分支机构报告；

（10）交易场所、交易商在提供服务或者开展业务时，原则上应当采取非现金的方式。采取银行转账方式的，应当使用交易当事人的同名银行账户；发生退款的，应当按原支付途径，将资金退回原付款人的银行账户；

（11）交易场所、交易商在提供服务或者开展业务时确需使用现金支付，与客户当日单笔现金交易或者明显存在关联关系的现金交易累计达到人民币5万元（含5万元）以上或者外币等值1万美元（含1万美元）以上的，应当在交易发生之日起5个工作日内向中国反洗钱监测分析中心报送大额交易报告；

（12）中国人民银行组织、部署交易场所、交易商反洗钱和反恐怖融资工作，依法对交易场所、交易商履行反洗钱和反恐怖融资义务的情况进行监督检查，负责反洗钱和反恐怖融资的资金监测，在职责范围内调查可疑交易活动。

珠宝公司洗钱

103 中国人民银行《关于加强反洗钱客户身份识别有关工作的通知》的主要内容是什么？

（1）对非自然人客户的身份识别。义务机构应当按照《金融机构客户身份识别和客户身份资料及交易记录保存管理办法》（中国人民银行 中国银行业监督管理委员会中国证券监督管理委员会 中国保险监督管理委员会令〔2007〕第2号发布）的规定，有效开展非自然人客户的身份识别，提高受益所有人信息透明度，加强风险评估和分类管理，防范复杂股权或者控制权结构导致的洗钱和恐怖融资风险。

（2）对特定自然人客户的身份识别。义务机构在与客户建立或者维持业务关系时，对规定的特定自然人客户，应当按照《金融机构客户身份识别和客户身份资料及交易记录保存管理办法》，有效开展身份识别。

（3）加强特定业务关系中客户的身份识别措施。义务机构应当根据产品、业务的风险评估结果，结合业务关系特点开展客户身份识别，将客户身份识别工作作为有效防范洗钱和恐怖融资风险的基础。

104 个人网络客户网络支付时须核对有效身份的情形有哪些？

（1）个人客户办理单笔收付金额人民币1万元以上或者外币等值1000美元以上支付业务的；

（2）个人客户全部账户30天内资金双边收付金额累计人民币5万元以上或外币等值1万美元以上的；

（3）个人客户全部账户资金余额连续10天超过人民币5000元或外币等值1000美元的；

(4) 通过取得网上金融产品销售资质的网络支付机构买卖金融产品的；

(5) 中国人民银行规定的其他情形。

105 网络支付机构如何对特约商户进行身份识别？

中国人民银行《支付机构反洗钱和反恐怖融资管理办法》第14条网络支付机构与特约商户建立业务关系时，应当识别特约商户身份，了解特约商户的基本情况，登记特约商户身份基本信息，核实特约商户有效身份证件，并留存特约商户有效身份证件的复印件或者影印件。

106 记名预付卡和不记名预付卡对识别购卡人身份和金额有什么要求？

中国人民银行《支付机构反洗钱和反恐怖融资管理办法》第15条预付卡机构在向购卡人出售记名预付卡或一次性金额人民币1万元以上的不记名预付卡时，应当识别购卡人身份，登记购卡人身份基本信息，核对购卡人有效身份证件，并留存购卡人有效身份证件的复印件或者影印件。

107 支付机构首次客户风险等级评定应在与客户建立业务关系后多少天内完成？

中国人民银行《支付机构反洗钱和反恐怖融资管理办法》第20条规定，首次客户风险等级评定应在与客户建立业务关系后60天内完成。

108 特约商户的身份基本信息包括哪些？

特约商户的身份基本信息，包括：特约商户的名称、地址、经营范围、组织机构代码；可证明该客户依法设立或者可依法开展经营、社会活动的执照、证件或者文件的名称、号码和有效期限；控股股东或实际控制人、法定代表人（负责人）或授权办理业务人员的姓名、有效身份证件的种类、号码、有效期限。

109 银行和支付机构为特约商户提供T+0资金结算服务的时间要求是什么？

银行和支付机构为特约商户提供T+0资金结算服务的，应当对特约商户加强交易监测和风险管理，不得为入网不满90日或者入网后连续正常交易不满30日的特约商户提供T+0资金结算服务。

110 什么情况下，客户应该按照金融机构的要求重新提供身份证件和基本身份信息？

（1）客户要求变更姓名或者名称、身份证件或者身份证明文件种类、身份证件号码、注册资本、经营范围、法定代表人或者负责人的；

（2）客户行为或者交易情况出现异常的；

（3）客户姓名或者名称与国务院有关部门、机构和司法机关依法要求金融机构协查或者关注的犯罪嫌疑人、洗钱和恐怖融资分子的姓名或者名称相同的；

（4）客户有洗钱、恐怖融资活动嫌疑的；

（5）金融机构获得的客户信息与先前已经掌握的相关信息存在不一致或者相互矛盾的；

（6）金融机构对先前获得的客户身份资料的真实性、有效性、完整性存在疑点的；

（7）认为应重新识别客户身份的其他情形。

111　客户身份资料在业务关系结束后、客户交易信息在交易结束后，应当至少保存几年？

《金融机构客户身份识别和客户身份资料及交易记录保存管理办法》第29条规定，金融机构应当按照下列期限保存客户身份资料和交易记录：

（1）客户身份资料，自业务关系结束当年或者一次性交易记账当年计起至少保存5年；

（2）交易记录，自交易记账当年计起至少保存5年；

（3）如客户身份资料和交易记录涉及正在被反洗钱调查的可疑交易活动，且反洗钱调查工作在前款规定的最低保存期届满时仍未结束的，金融机构应将其保存至反洗钱调查工作结束。

112 金融机构应当履行而未履行反洗钱义务，致使洗钱后果发生的，反洗钱主管部门有哪些惩罚措施？

金融机构应当履行而未履行反洗钱义务，致使洗钱后果发生的，处50万元以上500万元以下罚款，并对直接负责的董事、高级管理人员和其他直接责任人员处5万元以上50万元以下罚款；情节特别严重的，反洗钱行政主管部门可以建议有关金融监督管理机构责令停业整顿或者吊销其经营许可证。对有两项未按规定履行执行的金融机构直接负责的董事、高级管理人员和其他直接责任人员，反洗钱行政主管部门可以建议有关金融监督管理机构依法责令金融机构给予纪律处分，或者建议依法取消其任职资格、禁止其从事有关金融行业工作。

113 经调查仍不能排除洗钱嫌疑的，应当采取哪些措施？

经调查仍不能排除洗钱嫌疑的，应当立即向有管辖权的公安机关报案。客户要求将调查所涉及的账户资金转往境外的，经国务院反洗钱行政主管部门负责人批准，可以采取临时冻结措施。

114 反洗钱机构中从事反洗钱工作的人员哪些行为会被处以行政处分？

（1）违反规定进行检查、调查或者采取临时冻结措施的；

（2）泄露因反洗钱知悉的国家秘密、商业秘密或者个人隐私的；

(3) 违反规定对有关机构和人员实施行政处罚的;

(4) 其他不依法履行职责的行为。

115 金融机构和特定非金融机构对恐怖活动组织和人员的资金或者其他资产，应当采取哪些措施?

《反恐怖主义法》第14条规定，金融机构和特定非金融机构对国家反恐怖主义工作领导机构的办事机构公告的恐怖活动组织和人员的资金或者其他资产，应当立即予以冻结，并按照规定及时向国务院公安部门、国家安全部门和反洗钱行政主管部门报告。

116 金融机构和特定非金融机构未按照《反恐怖主义法》处置涉案资金的，将会受到哪些处罚?

《反恐怖主义法》第83条规定，金融机构和特定非金融机构对国家反恐怖主义工作领导机构的办事机构公告的恐怖活动组织及恐怖活动人员的资金或者其他资产，未立即予以冻结的，由公安机关处20万元以上50万元以下罚款，并对直接负责的董事、高级管理人员和其他直接责任人员处10万元以下罚款；情节严重的，处50万元以上罚款，并对直接负责的董事、高级管理人员和其他直接责任人员处10万元以上50万元以下罚款，可以并处5日以上15日以下行政拘留。

案例精选

- 92个案例。
- 既有较为典型的刑事犯罪案例，
  也有较为典型的职务犯罪洗钱案例；
  既有国家公职人员的典型案例，
  也有社会人员的典型案例；
  既有上游犯罪行为人直接参与的洗钱案例，
  也有下游犯罪行为人单独实施的洗钱案例。
- 洗钱犯罪必然是其他上游犯罪的伴生物；
  没有上游犯罪，就没有洗钱犯罪。

1 Z某向境外转移资金洗钱案

C市银行高管Z某涉嫌贪污罪，将银行资金转移至境外，并潜逃A国。A国通过调查发现，Z某在当地出手阔绰，痴迷赌博，当地赌场甚至专门安排直升机接送其出入赌场。由于我国与A国尚未签署引渡条约，A国无法直接向我国引渡Z某，但同意移交Z某有关跨境转移资金和移民欺诈的证据线索，并将800余万美元赃款没收后全额返还中方。

A国以洗钱罪起诉Z某前，考虑到主要证人和洗钱上游犯罪证据在我国，A国向我国提出刑事司法协助请求。根据A国请求，我国向A国提供了证据材料，包括Z某涉嫌国内贪污犯罪证据、跨境转移资金凭证、办理虚假婚姻手续等。A国认为，对Z某的各项指控成立。Z某被判处20年监禁。根据A国法律，Z某服刑完毕后，将经非法移民遣返程序，遣返回我国。

2 “裸官”因洗钱罪被判26年

1998年6月至2001年5月期间，L某某伙同L某1，违反政府住房资金使用的有关规定，利用职务之便，分多次以合作经营投资的名义，采取由A公司向住房资金管理中心借款的方式，非法挪用N市政府住房基金。而后L某某分多次将上述挪用款项非法转往调汇公司和其他私人账户，再将约4000万元人民币转往澳大利亚购买别墅或存入其家属账户中使用。

L某某的妻儿以及L某1的妻儿早在1999年就移民至澳大利

亚，L某某、L某1成为名副其实的裸官。凭借非法转移的数千万资产，外逃到澳大利亚的L某某过上了奢华的日子，很快入籍澳大利亚。

2011年9月14日，外逃至澳大利亚8年的原N市置业公司经理L某某因洗钱罪被澳大利亚昆士兰州高级法院判入狱26年。被L某某转移至澳大利亚的4000万财产已有近3000余万收缴至国内。至此，G省8年追逃的战役终于取得重大胜利。

9月12日，案件法庭审理结束，陪审团于9月13日裁决L某某被控9项罪名成立。次日，澳大利亚昆士兰州最高法院宣判L某某因洗钱罪判处监禁14年至少入狱10年，因利用犯罪收益违反澳国刑法1995第400章第4条判处监禁12年至少入狱9年。上述刑罚于2011年9月13日起同时执行，9年内不准获假释。

3 Y公司串通投标洗钱案

C市Y公司为达到中标目的，其法人T某通过他人介绍认识了招标单位负责人L某，并承诺给L某股份的非法手段促使L某在标书制作、邀标公司的选择方面帮助Y公司，确保了该公司的中标。自2007年至2011年，该公司中标项目合计取得收入1.75亿元，净利润915.85万元。T某作为股东分得1243万元。中标后，L某向T某索要200万元，并要求T某为其在香港开设离岸公司账户。L某用其妻子的名义在香港注册了离岸公司，在香港汇丰银行开设了公司账户，并存入20.5万欧元后将账户交给L某控制使用。L某出逃后，T某查询离岸账户交易情况后发现，L某在控制该账户期间向该账户分别存、转入港元784万元、美元160万元、加元40万元、欧元16万元。随后，T某对该账户做了挂失处理并要求L某解释资金来源，L某保证账户内资金全部都是“洗过的”。2010年，T某将1897万元资金转移到Y公司以员工名义开立的5个银行账户上。

2015年，S省D市中院对该案做出判决。因T某为L某在境外提供资金账户，在明知账户内资金来源于L某收受他人的贿赂时，为掩饰、隐瞒其来源和性质，通过转账的结算方式，协助其将资金从境外转至国内，散存于多家银行，因此，洗钱罪成立并最终被判处有期徒刑3年，罚金600万元。

4 A某利用银行账户洗钱案

2011年7月，Z某为获得土地指标，向时任国土资源局局长的X某行贿1000多万元。X某将受贿款汇至通过其姐得到的A某账户中，未告知A某钱的来源及性质，A某账户设置了自动理财。该款到账后即开始理财，A某后来因帮助各银行的客户经理完成存款任务，将该款转入自己持有的多个账户中，其中包括用于商业往来的账户内。

2012年12月，X某因案发逃匿，其姐告知A某该款有可能是受贿所得，A某为避免该款减少，未将该款用于商业经营，部分用于进行保本型理财。2014年11月，A某因涉嫌洗钱罪被羁押，涉案钱款全部被查获。

5 X某某之妻洗钱案

1995年至2009年，X某某利用担任S市副市长、H市副市长等职务上的便利，为有关单位和个人在取得土地使用权、享受税收优惠政策等事项上谋取利益，收受、索取他人财物共计折合人民币1.45亿元。在这15年间，X某某的平均“年收入”高达1320万元，这还不包括无法查实的数额。其妻Q某某多年来积极参与其丈夫敛财，采用提供资金账户、协助将财产转换为有价证券、资金转移等方法洗钱，折合人民币4131万余元。主要洗钱行为，一是投资股票，是多家公司的前十大流通股东；二是购买房产，挂在X某某和Q某某及其亲戚名下的房产有25套。

2011年5月，H市原副市长X某某因受贿、贪污、滥用职权被Z省L市中院判处无期徒刑，没收个人全部财产。同年3月，Z省L市中院开庭审理了Q某某受贿、洗钱案，并最终做出判处有期徒刑13年，没收个人财产人民币400万元和罚金人民币220万元的处罚决定。

6 J某某受贿洗钱案

J省N市原副市长J某某受贿共计1.08亿余元。其收受的最大一笔贿赂8250万元，是通过洗钱方式完成的。J某某让其子J某以他人名义，在N市注册成立A公司，由行贿人开具一张8250万元的银行汇票交给J某，J某再将这笔巨款辗转划入A公司账户。A公司实质上就是用以对巨额贿赂进行洗钱的公司。

7 Y某某、F某某夫妻受贿洗钱案

2001年至2008年初，Y某某在担任W县交通局局长、W县长江公路大桥建设领导小组成员兼建设办公室主任期间，利用职务之便，在工程承揽、工程款拨付等方面为他人谋取利益，先后收受工程承包人Z某等17人给与的人民币2218.4万元、美元1万元，折合人民币共计2226万元。Y某某将其中收受的2165万元交给其妻即F某某保管。F某某明知该款系Y某某受贿所得，为掩饰、隐瞒其来源和性质，先后以本人和他人之名，将其中的943万元分别用于购置房产、存入银行资金账户以及用于购买理财产品等。

2008年8月1日，W县交通局原局长Y某某因受贿2226万元，以受贿罪判处无期徒刑。同一天，Y某某的妻子F某某，因犯洗钱罪被判处有期徒刑3年，缓刑5年。

8 L某某利用典当股票交易洗钱案

2010年2月24日，C市公安局原副局长P某某因犯受贿罪、纵容黑社会性质组织罪、巨额财产来源不明罪，被判处无期徒刑。同年4月14日，P某某的妻子L某某被以洗钱罪和受贿罪判处有期徒刑3年6个月。

9 Z某利用房地产公司洗钱案

2010年7月，C市B区原副区长W某某（因犯受贿罪被判处有期徒刑12年）的妹夫Z某，被以洗钱罪判处有期徒刑3年。W某某收受他人钱财后，将87.5万元交给Z某保管并用于投资。Z某明知是W某某收受的好处费，仍将这些钱投到自己入股的房地产公司，以掩饰和隐瞒该款的来源和性质。

10 C某某利用弟弟掩饰非法所得洗钱案

2010年12月28日，S省Y市原副市长C某某因受贿2000余万元，被法院以受贿罪判处无期徒刑。其弟弟C某1因犯洗钱罪被判处有期徒刑6年。法院审理查明，C某1明知为C某某保管的1700余万元是C某某犯罪所得，仍将上述资金以自己和家人的名义分散存入多家银行，为C某某掩饰非法所得。

11 Z某某巨额财产来源不明案

2001年至2011年4月，Z某某利用在S市分管城建及在省国土资源厅分管国土项目的职务便利，在房地产开发、工程承揽等方面为他人谋取利益，先后多次收受多人贿赂。Z某某除利用职权直接谋私外，还利用自身职位形成的影响，插手矿产权属办理和矿产资源开发、人事就业安排、经营金融贷款、民事经济纠纷、企业兼并收购和登记注册以及评先创优等事务，斡旋受贿。Z某某先后收受32人114次贿赂，共计人民币428万余元、美元2万元，另有家庭财产人民币973万余元，Z某某不能说明其合法来源。

2012年5月23日，L市中院对Z某某作出判决，认定Z某某犯受贿罪，判处无期徒刑，并处没收扣押在案个人全部财产；犯巨额财产来源不明罪，判处有期徒刑4年，决定执行无期徒刑，并处没收扣押在案个人全部财产。

12 W某某受贿、巨额财产来源不明案

W某某利用职务之便，先后在工程建设、干部人事调整、春节及本人生病住院期间，大肆受贿1555万余元。另外，W某某对家庭财产中的350万余元人民币及670克黄金制品不能说明合法来源。

2012年6月20日，G省法院认定W某某犯受贿罪，判处无期徒刑，并处没收个人全部财产；犯巨额财产来源不明罪，判处有期徒刑7年，并处没收个人全部财产。

13 M某受贿、贪污、巨额财产来源不明案

M某利用担任S县县长的职务之便，在工程建设、矿山证照办理、矿山资源开发、人事调动等方面为他人谋取利益，受贿21起35笔，收受黄金14780.263克，价值212.9万余元；收受房屋二套及其他物品价值157万余元；收受现金人民币287万余元、美元10.5万元，以上个人受贿共计人民币657万余元，美元10.5万元。此外，M某还伙同他人共同贪污15万元，其中个人贪污10万元。M某还对其家庭财产人民币208万余元及美金3300元不能说明合法来源。

2011年8月17日，Z市中院对M某作出判决，认定M某犯受贿罪，判处无期徒刑，剥夺政治权利终身；犯贪污罪，判处有期徒刑10年；犯巨额财产来源不明罪，判处有期徒刑3年；决定执行无期徒刑，剥夺政治权利终身，并对来源不明财产予以追缴。

14 Q某某受贿房产洗钱案

2006年至2007年，Q某某利用担任L市W县县长的职务便利，为L某在工程建设招投标中提供帮助，L某于2006年6月在M市为Q某某购买一套房屋，并对房屋进行了装修、配备了部分家电，同时支付了契税和该房2006年11月至2010年的物业管理费，以上共计61万余元。另外，Q某某利用担任H县县长的职务便利，多次为他人在土地拍卖、土地使用权办理等过程中提供帮助，非法收受他人财物共计27万余元。此外，Q某某对其家庭504万元财产不能说明合法来源。

2012年3月23日，P市中院对Q某某作出判决，认定Q某某犯受贿罪，判处有期徒刑15年，并处没收财产88.52万元；犯巨额财产来源不明罪，判处有期徒刑8年；决定执行有期徒刑20年，没收个人财产88.52万元，并对来源不明财产予以追缴。

15 L某某受贿、巨额财产来源不明案

2006年至2010年，L某某在G区垃圾处理厂管材采用、工程建设，G区城市改造、公路扩建，G区滨河新区工程建设，Z

市北郊湿地栈道建设过程中，利用职务之便，为他人在工程竞标、工程款拨付方面给予关照，收受贿赂共计141万元。另外，L某某对其家庭财产人民币76.8万余元和3.5万美元不能说明合法来源。

2011年6月1日，Z市中院对L某某作出判决，认定L某某犯受贿罪，判处有期徒刑13年；犯巨额财产来源不明罪，判处有期徒刑2年；决定执行有期徒刑14年，并对来源不明财产予以追缴。L某某不服提出上诉。2011年12月20日，G省高院驳回上诉，维持原判。

16 W某某贪污工程项目款案

2005年7月至2008年12月，W某某利用担任L县中村乡党委书记的职务便利，以争取项目的名义，从该乡政府的账外资金中多次借款，后用空白收款收据和虚假税务发票冲销共计60万元。另外，W某某以为中村乡争取项目为由，将L县交通局拨付给L县中村乡政府新白路工程款中的41万元据为己有。综上，W某某共计贪污101万元。

2011年12月，Q市中院对W某某作出判决，认定W某某犯贪污罪，判决有期徒刑13年，没收个人财产5万元。

17 Z某某受贿、巨额财产来源不明案

2007年，Z某某利用担任M县城建局局长的职务便利，收受建筑承包商D某价值29万元的住房一套。后为掩人耳目，精

心谋划，表面上向D某提出退房，但暗地里以退房为条件，要D某送给自己40万元。在收到40万元后，指使其妻子L某某以其侄子的名义，用34万元从D某手中买回其所送房屋。另外，Z某某对566万元家庭财产不能说明合法来源。

2011年12月1日，W市中院对Z某某、L某某作出判决，认定Z某某犯受贿罪，判处有期徒刑11年；犯巨额财产来源不明罪，判处有期徒刑3年；决定执行有期徒刑13年，没收个人财产人民币10万元，并对来源不明财产予以追缴。认定L某某犯掩饰、隐瞒犯罪所得罪，判处有期徒刑3年，宣告缓刑5年，并处罚金人民币3万元。

18　F某某、W某某贪污、洗钱家电下乡补贴款案

2010年6月至12月，为骗取国家家电下乡补贴款，T市A公司总经理W某某从外地非法购买国家家电下乡方正电脑标识卡2400余张，并复制、编造虚假国家家电下乡补贴申领资料（农村居民身份证、户口本、粮食及农资综合直补存折等）851份，向Q区财政局骗领家电下乡补贴资金共计38万余元。2010年11月，F某某与W某某合谋，共同复制、编造虚假国家家电下乡补贴申领资料1357份，W某某以T市A公司销售家电下乡方正电脑1357台为名，向Q区财政局申领国家家电下乡补贴资金，F某某审批签字后付款，二人共贪污国家家电下乡补贴款61万余元，其中F某某分得赃款4.5万元，并收受王某某所送的方正笔记本电脑1台，价值4999元。

2012年2月12日，Q区法院对F某某、W某某作出判决，认定F某某犯贪污罪，判处有期徒刑12年；犯玩忽职守罪，判处有期徒刑6个月，决定执行有期徒刑12年。认定W某某犯贪污罪，判处有期徒刑13年；犯诈骗罪，判处有期徒刑7年，并处罚金10万元；犯行贿罪，判处有期徒刑6个月，决定执行有期徒刑16年，罚金10万元。

19　T某某制造虚假身份证洗钱行为

2008年4月至9月，T某某在任L市市长助理、市发改委主任期间，收受A公司董事长L某现金362.4万元、黄金500克；收受B公司D某某现金80万元。为掩盖犯罪所得，其用虚假的

身份，在B市朝阳区购买184.47平方米房产一套，后又于2014年将该虚假身份注销以掩盖洗钱行为。

20 C某某利用投资理财洗钱行为

2001年至2015年，C某某在担任G省林业厅计财处副处长、处长和省林业厅党组成员、省绿化办副主任期间，在项目审批、资金拨付、解决就业等过程中利用职务上的便利，为他人谋取利益，先后收受G省林业管理局及其部分下属21家单位及个人财物306万余元、银元400枚、银锭2块。为掩盖犯罪所得，将收受的现金均交其妻G某保管，G某以其个人和他人名义用于投资银行理财。

21 Y某某利用他人身份洗钱行为

2008年至案发，Y某某在担任G省交通厅副厅长职务期间，利用职务之便，多次收受A某某等29人人民币和财物贿赂，共计人民币1093万余元。为掩盖犯罪所得，其将受贿财物，以他人名义存入银行，购买股票、基金产品，以及购买位于C市住房一套。

22 L某某受贿案洗钱行为

2002年11月至2017年3月，L某某在担任Z市副市长、市长，Q市市长、市委书记，L市市长职务期间，利用职务之便，为他人谋取利益，先后78次收受13名请托人所送财物折合人民币共计1201万元、美元11万元、欧元2.2万元。同时，收受G某名家书法、玉器等物。为掩盖犯罪所得，其用受贿所得购买L市房产二套、P市房产一套，向Q某转移50万元人民币、向S某转移115万元；购买斯巴鲁牌越野车一辆、大众牌白色途观越野车一辆。

23 W某某受贿案洗钱行为

2000年至2014年，W某某在担任Y县县委书记，L市政府副市长、常务副市长，G省省委统战部副部长，G省工商业联合会党组书记、常务副主席期间，利用职务便利，在L市的土地开发、项目协调审批以及相关人员的工作变动与升迁过程中，为他人谋取利益，先后收受31人财物，其中人民币945万元、美

金3万元、价值212.56万元的房产一套、价值6.6万元的家具一套、购物消费卡37.5万元。为掩盖犯罪所得，将其受贿款项主要用于投资企业项目、对外非法放贷获取高额利息、修庙以及个人消费等，其中部分赃款藏匿于L市家中。

24 G某某受贿、巨额财产来源不明案洗钱行为

G某某任D县县委书记期间，利用职务便利，为他人谋取利益，多次非法收受他人财物价值共计35966498元，涉及59人100余次，家庭财产共计90622184.27元，包括人民币现金10万元、美元现金52万元（折合人民币约260万元）、黄金75千克（折合人民币约2100万元）、银行存款约1000万元、家庭房产15套约1200万元、车辆3台约160万元。为掩盖犯罪所得，直接将受贿赃款存至亲友名下银行账户，并假借各种名义分交不同保管人代为保管。

25 W某受贿案洗钱行为

2004年以来，W某在担任Q市Z县人民政府副县长、H县人民政府县长、中共H县县委书记、Q市副市长期间，利用主管或主持政府、党委全面工作的职务便利，多次非法收受35人人民币1310.2万元、美元14万元、金条5.5千克，财物折合人民币共计1583万余元。为掩盖犯罪所得，W某将上述受贿款连同逢年过节收受的礼金、倒卖字画和楼房赚取的利润、承揽工程、投资他人企业获取的红利及借与他人获取的高额利息等资

金共计5000余万元混同后，主要用于购房、购买金条、借与他人使用、委托他人保管。

26 A某某受贿、巨额财产来源不明案洗钱行为

2007年以来，被告人A某某在担任K县民政局长、水务局长期间，利用职务之便，为他人谋取利益。在民政、水务工程项目发包过程中，直接或通过近亲属非法收受项目承建方财物417余万元，另有1598万余元的巨额财产来源不明。为掩盖犯罪所得，以他人名义存入银行、购买理财产品、在外地购买房产等。

27 D某某受贿、巨额财产来源不明案洗钱行为

2008年至2014年，D某某在任W区扶贫办主任期间，在扶贫办工程项目招投标及实施过程中，利用职务上的便利，为请托人谋取利益，收受L某某等16人贿赂款共计332万元；另有891万余元的财产不能说明合法来源。为掩饰、隐瞒其来源和性质，先后以本人和他人之名，将其中大部分款项分别用于购置房产、存入银行资金账户以及用于购买理财产品等。

28 Y某受贿案利用多名直系亲属洗钱行为

1994年至2013年期间，Y某利用担任J市政府副市长、中共JQ市委副书记、JQ市政协主席等职务便利，为他人谋取利益，先后非法收受Y某某等34人人民币940余万元、13000美元、2000欧元、JQ市A公司经营性投资及利润340万元以及房

产、汽车、金条等，共计折合人民币1350余万元。另外，对290余万元的违纪资金并案扣押，涉案资产共计2060余万元。为掩盖犯罪所得，Y某整个家庭存款只有50余万元，其名下仅有政府二套福利分房，大部分资金全部以现金方式放回老家保管。用Y某的话讲“银行存钱纯粹是给自己找事”。在Y某的住宅中扣押35万元，两次在其老家中查获180余万元，另有价值500余万元的住宅和商铺全部都以现金形式付款。其次，商铺和住宅全部是以母亲、儿子、女儿名义登记，尤其是300余万元现金购买的商铺和住宅则是以亲属的名义登记，防范性极强。第三，兄弟之间的借款百般掩盖。如借给弟弟Y某1的90万元，Y某先把钱给妹妹Y某2，然后转给第三人。

29 T某某受贿案利用他人名义购买房产、投资洗钱行为

2000年至2009年，T某某在担任X市商业银行行长及董事长期间，利用职务之便，在发放贷款、基建装修工程发包过程中，为他人谋取利益，非法收受他人财物。其中，现金人民币187万元、美元2.2万元、欧元4075元；门面一间、熊猫纪念币、劳力士男表、铜香炉等物品共折合人民币20.0528万元；雷达女表一块，价值美元1200元。至2009年9月底，T某某家庭财产总额加日常开支折合人民币1554万元、美元2.90368万元、欧元2075元。其家庭财产差额81.8万元、美元2.2万元、欧元2075元不能说明其来源。为掩盖犯罪所得，T某某以Z某名义为其购买房产一套，以Z某名义开设账户资金、与他人共同投资获利。

30 Z某某受贿境外存款洗钱行为

1992年至2004年，Z某某在担任K市、H市主要领导期间，利用职务便利，先后收受原K市A镇党委书记L某某100万港元，收受香港商人W某某等人款物共折合人民币3854394元；另有巨额来源不明的财产共计人民币53.01万元、391.5万港元和4085.86美元不能说明合法来源。为掩盖犯罪所得，Z某某以他人名义在中国银行广州分行、中国银行珠海分行、香港南洋商业银行、香港恒生银行、香港汇丰银行有存款合计人民币153.01万元、491.5万港元、4085.86美元，Z某某在香港恒生银行中存款100万港元。

31 L某某、Z某某洗钱、掩饰隐瞒犯罪所得案

2012年至2013年期间，L某某分两次从时任D市市委书记的Z某某处接收银行卡30余张、黄金2700.899克、美元5万元等财物，L某某明知其保管的上述财物为Z某某受贿犯罪所得，仍通过银行卡以提现、个人出资收购，将美元兑换为人民币等方式，将以上财物转换成现金220万元存至个人资金账户，后帮助Z某某购买银行理财产品。

2012年至2013年期间，Z某某分三次将其受贿所得500万元现金让L某某协助转移、代为保管，L某某明知是Z某某受贿犯罪所得，仍将500万元现金协助转移、代为保管，并将部分现金用于个人消费。L某某的行为涉嫌洗钱罪。

2016年至2017年期间，Z某1明知是其二哥Z某某贪污受

贿所得，仍通过代为保管、提供公司或者个人资金账户，转移与Z某某职业财产状况明显不符的440万元巨额资金，予以掩饰、隐瞒其来源和性质，涉嫌洗钱罪、掩饰隐瞒犯罪所得罪。

32 W某、J某掩饰、隐瞒犯罪所得案

2016年10月，犯罪嫌疑人Z某某（另案处理）为牟取利益，向G省人大常委会农业与农村工作委员会副主任L某行贿1000万元。L某为掩盖、隐匿受贿款，用W某、J某等5人账户进行受贿、并转移资金，W某、J某的行为涉嫌掩饰、隐瞒犯罪所得罪。

33 D某某掩饰、隐瞒犯罪所得案

2016年10月，犯罪嫌疑人Z某某（另案处理）为牟取利益，向L警备区司令员X某某行贿1000万元。X某某为掩盖、隐匿受贿款，假借D某某向Z某某借款名义，通过犯罪嫌疑人D某某使用其自己以及他人账户进行受贿并转移资金，D某某在明知X某某资金系非法资金的情况下，仍然向其提供自己的账户，帮助X某某进行隐瞒、掩盖非法资金来源并转移资金。D某某的行为涉嫌掩饰、隐瞒犯罪所得罪。

34 S某某掩饰、隐瞒犯罪所得案

2016年9月18日，犯罪嫌疑人Z某某（另案处理），为了获取利益，涉嫌向时任L市国资委主任Y某某行贿500万元人民币。犯罪嫌疑人S某某明知Y某某系公职人员，500万元的资金来源与Y某某正常收入不符，且来源不明，仍提供其负责的A公司银行账户，帮助Y某某收受贿赂资金。资金到账后，为隐瞒贿赂资金的性质，S某某将该笔资金其中的400万元帮助Y某某在上海B公司购买房产一套（Y某某女儿Y某1名下）。2016年10—11月期间，为继续隐瞒剩余贿赂资金的性质，S某某继续帮助Y某某在杭州C公司购买写字楼房产二套（Y某某女儿Y某1名下）。因购房资金不足，2016年11月Y某某将受贿的180万元现金交给S某某，S某某明知Y某某系公职人员，该笔180万元的资金与Y某某正常收入不符，仍接受并帮助Y某某以购买房产的方式转移受贿资金。2017年3月中旬，Z某某再次向Y某某行贿500万元人民币现金，S某某明知Y某某系公职人员，500万元的资金来源与Y某某正常收入不符，且来源不明，仍以"借款"形式，帮助Y某某将该笔500万元受贿资金，以投资方式掩饰、隐瞒Y某某的犯罪事实。为掩饰、隐瞒Y某某涉嫌受贿及Z某某行贿的犯罪事实，S某某伙同Z某某等人，采用了签订虚假"股权转让协议"、联系房地产公司改变购房人主体等方式。S某某的行为已触犯《刑法》，涉嫌掩饰、隐瞒犯罪所得罪。

35 A某彩票洗钱案

彩民A某幸运中了500万大奖，还未等别人知道，A某单位领导B局长找上门来，表示愿以410万现金购买此彩票。A某考虑此彩票若到彩票中心兑奖，扣除20%个人偶然所得税，仅给他支付400万元，现B局长以410万现金购买，他欣然应允，并答应为B局长保密，对外宣布是B局长中了500万大奖。他们成交后，B局长领取了400万元，原本是贪污受贿的非法所得由此顺利转化成了中彩后的合法所得。

36 Q某某隐瞒境外存款案洗钱行为

2011年8月至9月间，H省A矿业有限公司的Q某某采用投资境外企业股票形式，并以本人及Q某1、S某等人名义分别存入Q某某在美国第一中西银行账户内535165美元。至案发前，

Q某某未向任何组织部门申报其在境外存款情况。依照国家规定，应当申报而隐瞒不报，且数额较大，其行为构成隐瞒境外存款罪。

37 X某某隐瞒境外存款案洗钱行为

X某某在任C市交通局财务科科长期间，在未向有关部门申报的情况下，以其本人、其第二任前妻L某、大儿子X某3人的名义在境外的美国银行开设个人银行账户，并于2013年2月至2014年5月间，X某某以本人名义及借用多人的名义，到中国银行C市各网点开设账户，利用每人每年5万美元的购汇额度购买美元后，分多次向其掌管的上述四个美国银行的账户汇款共计126.6万美元。依照国家规定，应当申报而隐瞒不报，且数额较大，其行为构成隐瞒境外存款罪。

38 X某某贪污案利用企业转制洗钱行为

2005年6、7月间，国有企业S公司进行企业转制，时任该公司总经理的X某某在转制评估过程中，未向评估人员提供该公司所有的位于A市尚文路191号底层1、底层2商业房产、一粟街105弄1号房产的房产证明，隐瞒了上述房产的真实情况，致使评估人员误认为该两处房产已拆除，在评估报告中将上述房产价值评估为零。此后，X某某将上述房产用于改制后由其个人控制的A公司、B公司的租赁等营利活动。2007年8月，被告人B某某在明知尚文路191号底层1、底层2商业房产系被X

某某隐匿的国有资产的情况下，仍按照X某某的授意并利用由其负责保管的原国有企业相关公章、企业法人章等，帮助X某某将该房产予以出售。上述涉案房产的合同转让价为人民币260万元，其中X某某获利人民币250万元用于公司经营，被告人B某某获利人民币10万元。经房地产估价有限公司对上述涉案房产进行估价鉴定，该处房产于S公司转制评估基准日（2005年5月31日）的市场价为人民币359.88万元。一审法院据此认为，被告人B某某明知是他人贪污所得，仍协助他人将财产转换为现金，掩饰、隐瞒财产的来源和性质，情节严重，其行为已构成洗钱罪。

39 W某利用侵吞国有资产方式洗钱案

W某任国有企业董事长，他将该企业的180万元以预付款的形式打入其妻弟M某的公司账户，M某又迅速将这笔资金转入W某之妻开办的企业账户，完成了洗钱过程。

将国有资产巧立名目转出，再通过中间账户倒一手或多手，最终转入自己的账户，达到侵吞国有资产的目的。其中，被腐败分子控制的国有企业与其亲属成立的不法企业相互勾结，是完成洗钱、造成国有资产流失的不可缺少的条件。

40 D某某利用股票、基金洗钱案

1998年至2015年间，D某某利用担任S市A科技园区开发公司、P新区区委副书记、副区长，S市经济和信息化委员会主任等职务便利，为他人谋取利益，收受贿赂共计价值人民币990余万元。2001年4月，D某某在香港花旗银行开设银行、股票、基金账户，未按国家规定向主管部门如实申报。截止2015年3月，上述账户尚有存款38.09万港元及市值158.22万港元的股票、基金，共计折合人民币158万余元。另外，案发后D某某家属主动退出了其违规经营获取的利润7600万元。

41 W某某向境外汇款，掩饰受贿洗钱行为

2013年12月，原N自治区政府副秘书长、法制办主任W某某在任职期间，利用职务之便，实施贪污、受贿1500余万元、另有超过2000万资产不能说明来源，其家庭购买过北京、呼和浩特、包头三地的20套房产，涉案金额超6000万元。其中，W某某之妻Y某某从2006年开始，向其在加拿大的儿子汇款，直到2012年W某某案发，共向其儿子汇款170余万加元、50余万美元，按照当时汇率达1466万元人民币。这些款项用43人的身份证分65笔汇往国外，但其并未按规定向有关部门申报。

42 W某某、S某涉黑洗钱案

2000年3月以来，以W某某为首的黑社会性质组织采取暴力威胁等手段，控制C市B区生猪屠宰和猪肉销售市场，垄断河沙石子供应和建筑垃圾运输业务，聚敛了上千万元非法财物。2003年以来，C市公安局B分局原民警S某与W某某的关系逐渐密切，多次利用其公职身份庇护W某某黑社会性质组织，并为其通风报信、逃避查处。2008年下半年，W某某安排S某等人筹建A建材厂。S某明知W某某投入的筹建资金系黑社会性质组织的违法犯罪所得，为掩饰、隐瞒其来源和性质，借用妻子的身份证办理了中国建设银行的存折，协助W某某转移资金170万元，通过转账、提现等方式，将W某某的上诉款项用于A建材厂的投资，实施洗钱犯罪。

2009年12月，C市中级人民法院对S某公开宣判。C市公安局B分局原民警S某犯洗钱罪和包庇黑社会性质组织罪，被判处有期徒刑3年6个月，并处罚金17万元。该案是我国司法机关成功宣判的首例涉黑洗钱案。

43 Y某涉黑洗钱案

2007年10月至2009年12月，Y某任A投资有限公司及B娱乐有限公司出纳，明知“某公司”系以违法犯罪为主的犯罪组织，而加入该组织，接受组织领导，实施洗钱犯罪活动；此外，其受L某1、T某某指使，在明知是黑社会性质组织违法所得及其产生收益的情况下，仍伙同会计L某2，以L某2个人名义开设账户，通过转账等方式，协助将4000余万元人民币进行转移。L市公安局分别于2010年2月27日决定对L某某等人组织、领导、参加黑社会性质组织案、于2010年1月15日对L某2掩饰、隐瞒犯罪所得案立案侦查。Y某涉嫌参加黑社会性质组织、洗钱一案，系L市公安局在侦办L某1等人组织、领导、参加黑社会性质组织罪一案中发现。被告人Y某于2011年8月3日主动到L市公安局投案，对其犯罪事实供认不讳。

被告人Y某因犯参加黑社会性质组织罪，判处有期徒刑9个月；犯洗钱罪，判处有期徒刑8个月，并处罚金200万元；决定执行有期徒刑1年，并处罚金人民币200万元。

44 黑社会组织利用拍卖行的中介服务洗钱案

A市黑社会组织“黑龙会”头目L某，在短短两年时间里，靠控制本地赌博业和娱乐业，收取保护费的方式，迅速聚敛钱财近2000万元。他为了将这笔“黑钱”洗白，投资其他产业，便与A市一知名拍卖行恶意串通，称其收藏宋代珍禽图一幅，意欲拍卖。于是，该拍卖行组织了声势浩大的拍卖会，L某指示其亲信Z某、W某等竞拍。最后，Z某以1850万元的价格购得此画。这样，L某以拍卖艺术品所得的形式，完成了对“黑钱”的洗清，堂而皇之地投资于其他产业了。

45 Y某某洗钱案

2015年，Y某某等人得知福建客商C某某想要开发W县白石镇小楼村某矿山后，为谋取非法利益，指使组织成员通过多种方式阻挠矿山施工。为避免遭受更大损失，C某某将300万元现金转交给Y某某。Y某某的妻子Z某某伙同他人，将这笔钱多次转账。

J中院作出终审宣判，Y某某九罪并罚，终审获刑25年。Z某某因犯参加黑社会性质组织罪和洗钱罪，被判处有期徒刑6年。

46 我国洗钱罪第一案

W某协助他人，用520万元港币的毒资购得A公司60%股权，后又将上述公司更名成立新公司，并以经营木业为名，采取亏损账目的手段，将毒品犯罪所得转为合法收益。

2004年3月3日，G市H区人民检察院指控，W某在明知同案人从事毒品犯罪并想将其违法所得转为合法收益的情况下，仍建议且参与将毒品犯罪所得购入工厂经营，并转为合法收益。

H人民法院审理认为，W某的行为触犯了刑法第191条第（5）项的规定，已构成洗钱罪。W某曾因犯罪被判处有期徒刑，刑罚执行完毕后5年再犯罪，是累犯，本应从重处理。但因W某在共同犯罪中起辅助作用，是从犯，依法应从轻处罚。鉴于以上情节，法院依法对W某判处有期徒刑1年6个月，并没收其违法所得奔驰越野汽车一辆。W某表示服判，未提出上诉。

47 L某毒品犯罪所得洗钱案

2015年初，P市辖内某金融机构发现，在该银行开户的L某账户频繁向云南等地转账。初步调查发现，L某只有19岁，处于无业状态，资金转出基本是到重点涉毒地区。该金融机构通过反洗钱系统监测到了这一异动，反洗钱人士在分析后将可疑交易报告提交给当地人民银行及中国反洗钱监测分析中心。调查显示，L某的账户从2012年至今涉案资金达5.3亿，涉及交易对手账户2300个。据L某供述，她通过多张银行卡分别向指定的多个账户转账，最多的一次转账50多万。她的老板还要求她每隔一定时间避开柜台，通过其他方式向外地转账。

P市警方在分析该金融情报后，锁定贩毒重点嫌疑人J某等人。2016年4月，P市警方对嫌疑人采取行动，抓获多名犯罪嫌疑人，缴获大量海洛因。

48 养鸡场洗钱案

2014年，G市某养鸡场业主向银行办理了3年10万的经营贷款。由于养鸡场经营不善，该客户只能勉强支付贷款利息。半年后，该客户突然提出提前全额还款的申请，还款资金来源为租金收入。银行信贷人员认为，还款时间和正常的鸡出栏时间不符，因此还款资金来源存疑。银行信贷人员对现场进行走访，发现养鸡场租给了外来人员。调查发现，外来人员自掏腰包给养鸡场加固了围墙，并且不让银行信贷人员进入查看，外来人员付的租金还是周边租金的4倍，而且是一次性付清。银行在调查后认为，客户经营活动可疑，遂向当地人行提交了可疑交易报告，当地人行经分析确认为可疑后向当地公安机关移交线索，当地公安机关很快端掉了这个制毒窝点。从犯罪分子租用场地制毒到警方破获制毒案件只用了两个月时间，这其中人行G市中心支行和金融机构发挥了重要作用。

49　Y某利用他人账户转账取现洗钱案

Y某（女）与T某（已判刑）系男女朋友。T某将毒品犯罪所得640万元交给Y某，Y某通过利用他人账户多次转账、取现等方式隐匿钱款的来源、性质，用220万元购买住房1套、轿车1辆，用420万元购买理财产品。

检察机关认为，应当以洗钱罪追究Y某刑事责任。Y某辩称，不知钱款是制毒所得，且大部分购买理财产品的钱是他人赠予，并非T某所给。一审法院认为，Y某知道或应当知道T某的钱来源不合法，认定Y某犯洗钱罪，判处有期徒刑5年，并处罚金60万元。

50 X某某利用股市洗钱案

2017年2月至3月，被告人X某某的丈夫F某某（另案处理）伙同他人在N市J区制造冰毒用于贩卖。期间，F某某将制造毒品获得的赃款5.4万元存入其妻X某某银行卡。F某某等人因涉嫌制造、贩卖毒品被公安机关抓获后，X某某将其银行卡内部分资金（其中含F某某转到该账户的5.4万元）投入股市并购买股票清洗毒资。N市公安局对X某某涉嫌洗钱罪立案侦查。2018年5月30日，N市S区人民法院对X某某洗钱案进行了公开审理并当庭宣判，认定被告人X某某犯洗钱罪，判处罚金1万元，没收违法犯罪所得5.4万元。

51 W某利用微信账户洗钱案

2018年3月至5月，被告人W某为获取非法利益，明知犯罪嫌疑人Y某从事贩卖毒品活动，却多次利用微信账户方式帮助Y某收取贩卖毒品所获毒资共计59笔8294元。2018年11月27日，F市人民法院开庭审理此案，认为W某触犯刑法第191条，构成洗钱罪，判处其有期徒刑1年6个月，并处罚金1500元。

52 Z某某利用微信账户收取毒资洗钱案

2018年11月13日，Z某某明知其丈夫Y某（另案处理）从事贩卖毒品活动，仍提供自己的微信账户，协助Y某收取贩卖毒品所获毒资1000元，将财产转化为现金，利用转账方式掩饰、隐瞒其来源和性质。2018年12月12日，G市K县人民法院认定其触犯刑法第191条，构成洗钱罪，判处拘役2个月，缓刑4个月，并处罚金人民币100元。

53 利用休眠账户毒资洗钱案

Y市某家银行有一个账户4年来长期不动，近期收到了几笔资金。起初，该银行并未留意，但自发生资金收付后一段时间内，该账户便活跃起来，几乎每天都有交易发生，资金收付非常频繁，且金额较大。该银行工作人员觉得此账户很可疑，于是针对该账户进行了相应的调查和监控。经查，该账户所有人

S某是一位失业者，数年来靠打零工维持生计，其妻子是一位家庭帮工，收入非常微薄。家中亦没有其他可供支持收入来源。S某4年前开立该账户后基本没有资金进出，此银行账户一直处于休眠状态。银行员工认为这个客户的资金来源和交易比较可疑，立即向当地公安机关进行了报告。

公安机关根据该银行提供的线索进行了调查，S某对账户资金来源含糊其辞，无法说明真实情况，于是公安机关正式立案侦查。经调查发现，该账户资金汇入方来自多个不同账户，甚至有些是现金存入，公安人员顺藤摸瓜，最终发现资金均来自地下钱庄。后来，通过对S某的多次审查，最终锁定在S某的一位亲戚Q某身上。通过彻查发现，Q某是一名毒品交易犯，近年来一直活跃在与该市相邻的邻国进行毒品交易，贩毒所得非法资金通过地下钱庄分批汇入该市，完成跨境转移。然后，由S某通过对转、现金存取等方式完成洗钱活动。

54 利用休眠账户洗钱案

云南某银行发现，有一个账户6年来长期不动，近期突然活跃起来，资金收付非常频繁。银行人员觉得此账户很可疑，就进行了相应的调查。经查，该账户所有人是一位下岗职工，其妻子是家庭妇女。银行认为，这个客户的资金来源和交易比较可疑，立即向警方报告。经警方调查，该客户的亲戚是一名毒贩，利用他的账户进行洗钱活动。

55 D某某利用境外公司签订虚假合同洗钱案

2008年，W中院分别以走私普通货物罪、洗钱罪判处W某某有期徒刑10年；D某某有期徒刑1年，并处罚金15万人民币；没收走私违法所得。

经法院查明：2001年，W某某在泰国成立了A公司，他也是该公司向国内公司销售PET废塑料的具体经办人和负责人，D某某是该公司的会计。从2005年至2007年，A公司向中国境内12家公司销售PET废塑料，采用低报价格的方法，签订虚假购销合同，开具相应低报价格的销售发票向海关报关。PET废塑料实际销售的真实价格在每吨8000元人民币，而公司报关价格仅为每吨3500元人民币左右。经海关统计，该公司走私货物的完税价格合计2162万元，偷逃国家税款576万元。

在该案件中，D某某明知A公司在销售过程中以高价低报的方式走私普通货物，所产生的差价款部分是走私的违法所得，仍按照W某某的要求在银行开立了专门用于转移资金的借记卡，并将该资金账户提供给该公司用于转移走私犯罪违法所得152万元。

56 T某走私医疗器械洗钱案

T某，某市人，大学本科学历，原系该市某银行客户服务中心主任。2005年12月至2007年4月间，T某与其兄TW（外籍华人）某医疗器械有限公司法定代表人C某通谋，利用快件渠道，采取伪报品名、瞒报价格、分散邮寄中转等手段，从美国将价值人民币1000余万元的心脏支架等医疗器械以300多个包裹分散走私入境，偷逃应缴税款人民币200万元。其间，T某在直接参与走私医疗器械犯罪的同时，利用在银行工作的有利条件，采用异地汇兑、提取现金、借用他人银行卡转账、境内外两地平衡等手段，接收和转移走私款达1000余万元，直接构成洗钱罪，洗钱数额约为80万元。2007年，法院对T某等人走私及洗钱一案宣判，认定被告人T某犯走私罪和洗钱罪，依法判处有期徒刑3年，并处罚金105万元。

57 X软件开发公司涉税洗钱案

2007年6月，A市某银行临柜人员在整理企业客户银行回单时发现，X软件开发公司回单特别多，故对其账户交易情况进行了解。了解后发现，X软件开发公司2007年4月至5月频繁向其法定代表人L某账户转款达680多笔，共计3300余万元，用途为差旅费，每笔款项均为49900元整。调阅X软件开发公司开户资料发现其注册资本只有50万元人民币。L某收到款项后转给C某，再由C某转往B市的若干个人账户。X软件开发公司主要资金来源于Y通信科技公司在该银行的账户。Y通信科技有限公司的法定代表人G某系B市接收L某资金的若干个人之一。该银行认为，上述账户交易情形存在重大可疑，遂向当地反洗钱部门报送了重点可疑交易报告。

经公安部门的侦查发现，这是一起有预谋的利用国家对软件生产行业税收优惠政策的重大涉税犯罪，虚开增值税专用发票约3000余份，价税合计人民币23500余万元，税额人民币3400余万元，骗取出口退税约2900万元。2008年，公安部门对X软件开发公司原法定代表人L某及同伙G某等人以涉嫌虚开增值税专用发票罪、骗取出口退税罪依法逮捕。

58 房地产公司利用股权偷逃税款洗钱案

2007年3月，某银行向当地反洗钱部门报送可疑交易报告：X物业管理有限公司注册资本为人民币50万元，公司经营范围为物业管理、房地产咨询、商务咨询、投资咨询，法定代表人G某。公司章程表明，该公司股东为2人，G某出资方式为货币认缴出资金额35万元，占注册资本的70%；Z某出资方式为货币认缴出资金额15万元，占注册资本的30%。Z某系G某表妹。

X物业管理有限公司系Y房地产开发经营有限公司关联公司。Y房地产开发经营有限公司投资开发了R小商品城，由于政策规定，开发商开发的商业房产项目必须在2年内由其自己管理，故Y房地产开发经营有限公司法定代表人D某委托G某、Z某共同投资成立了X物业管理有限公司，对该小商品城进行物业管理，G某同时任Y房地产开发经营有限公司副总经理。

2007年1月，X物业管理有限公司董事会决议就2006年利润进行分配。2006年度X物业管理有限公司实现税后利润约3000万元，向股东分配2500万元整，其中G某分配1750万元，

Z某分配750万元。

该银行根据其提供的报表和交易特征分析认为，X物业管理公司交易存在重大可疑，决定上报可疑交易报告。该可疑线索移送公安机关后查明，系Y房地产开发经营有限公司董事长D某将公司未售出产权商铺的出租收入2900余万元和区政府给该公司的奖励专项款500万元转至其控制的X物业管理有限公司，并通过股东分红方式将剩余的3200余万元转至其个人账户用于炒股，偷逃国家各类税款达1500余万元人民币。

59 某石化公司偷逃税款洗钱案

某便利店从2004年9月开户至2005年3月期间，资金分散转入、集中转出的交易特征异常明显，6个月内交易笔数共720笔，金额合计高达人民币2.3亿元。反洗钱部门立即对该可疑交易展开调查。

首先，调查人员在工商部门调取了该便利店的注册登记资料。资料显示，便利店成立于2003年7月，企业性质为个体，从业人员3人，注册资金2万元，经营范围为零售、批发、代销副食饮料。法定代表人Z某年过七旬，身份证所在地属于偏远农村。调查人员按照注册地址暗访了该便利店，发现其设在一家加油站内，店内仅有一名售货员，陈列的货品是饮料、副食及日用品，从而证实了该便利店的资金交易笔数金额与企业经营规模明显不符。

调查人员进一步调查发现：一是交易频繁，每月有100笔左右的交易记录；二是每月收入的笔数远远大于支出的笔数，但收支的金额却相近，说明该账户是将分散收取的资金集中后对外支付，符合分散转入、集中转出的可疑交易特征；三是所有的支出均以汇款形式支付给本省内几个大型的石油供货商，证实该可疑交易一定与石油类产品有关；四是资金入账分为三种方式，现金异地存入方式、转账方式和支票方式，资金来源于一些油品消费企业，包括陶瓷加工业、油品销售商及个别加油站，第一收款人多数是L石化公司，该石化公司通过背书转让使资金划入便利店的账户中；五是发现便利店账户的收入有同名账户的划转，说明便利店在其他银行也开立了账户，另一账户与先前调查的账户同时开立，交易金额同为2.3亿，交易方式如出一辙，而该账户开户行对如此明显重大的可疑交易未作报告；六是发现便利店账户的收入有L石化公司财务A某某和一家加油站负责人A某2的个人账户汇款，两个个人账户以同样手法为L石化公司运作资金，金额累计达3.1亿元。

最终调查表明，该便利店、A某1负责的加油站均由L石化公司操控，该公司除了涉嫌利用便利店的两个账户进行体外走账洗钱4.66亿元外，还涉嫌利用企业财务人员的A某1、A某2的个人账户体外走账洗钱3.1亿元，两项累计达7.76亿元，涉嫌偷逃巨额税款。2005年9月，税务机关、公安机关和人民银行某分行采取联合行动，破获此案。经税务机关查证，该公司利用关联企业及内部员工的银行账户收付货款，隐瞒应缴税收额高达1.4亿元，处补交增值税、滞纳金1354万元，并处罚款

3000万元。

60 M某骗税洗钱案

2001年，M某等5人在Z市几家银行开立了10余个结算账户，这些账户在不到半年的时间内，先后有大笔资金出入。资金主要来源于三个方面：一是退税资金。资金从国库转入某单位账户，然后经过多次转账汇入上述账户。二是由进出口企业转入的资金。这些进出口企业的资金经过多次转账汇入上述账户。三是由香港转入的资金。资金从香港汇丰银行转入境内，结汇后，经多次转账汇入上述账户。

这些资金在上述账户集中后，在很短时间内，又大量地汇往厦门、汕头10余个个人账户。资金汇入后，次日全部提现。

61 H某某骗税洗钱案

1999年H某某设立A公司，获得进口权。接着，成立8家供货公司，专门虚开增值税发票。委托他人买来报关单，再让香港的同伙汇来外汇，然后向税务机关预做部分税款，取得“专用税票”，最后领取出口退税的款项，并将此款通过地下钱庄，购买外汇，去付给香港同伙，作下次的出口收汇。H某某在一年时间里骗取出口退税2100万元，这些钱都是通过地下钱庄清洗到香港的。

62 利用信用卡充值加油卡套现洗钱案

犯罪嫌疑人H某为了谋取非法利益，将作案目光盯上了银行信用卡的延期偿还功能，他们帮别人刷银行信用卡套现，再倒卖IC加油卡副卡，从中收取点数差额的手续费牟利。S市J区法院认定：F省来沪无业人员H某用上述方式“空手套白狼”，2012年2月至4月间，非法套现达190万元。最终，法院一审以非法经营罪，判处H某有期徒刑9个月，缓刑1年，并处罚金2万元。

法院认为，国家商业银行发行信用卡，各类加油站发行IC加油卡，本身目的就是为持卡人提供信用卡透支“调头寸”，或使用加油卡加油的便捷。而被告人H某却利用银行信用卡通过“POS”机，往加油站IC卡充值，再通过副卡变现，从中套取现金“洗钱”的行为，破坏并侵犯了国家金融政策，不但严重扰乱了国家金融市场秩序，还违反了国家对使用销售点终端机具（POS机）的规定，且以虚构交易的方式，向信用卡持卡人直接支付现金。该行为已严重触犯了我国刑法规定的非法经营罪，法院考虑到案发后H某的认罪悔罪态度较好，可依法从轻处罚并适用非监禁刑，遂对其做出了判处有期徒刑并适用缓刑的判决。

63 L某某集资诈骗洗钱案

2007年底至2012年期间，被告人L某某以投资矿山、酒店等名义，以高额利息为诱饵，向多人非法集资22082万元（计人民币，下同）。2008年下半年起，被告人L某1在明知L某某非法集资的情况下，协助其办理银行款项往来等事宜。被告人

L某1的集资所得除归还本息7727.05万元外，大部分资金高息转借给他人，小部分资金用于投资A矿业有限责任公司和B经贸有限公司，还有部分资金挥霍于购买房产、豪车、名表。至案发时，尚有14354.95万元未归还。2011年11月24日至29日期间，被告人L某1在明知被告人L某某用非法集资所得的资金购买了A矿业有限责任公司股权的情况下，通过虚假转让的方式将被告人L某某持有的该公司14.12%的股权转让到自己名下，帮助被告人L某某藏匿集资款所购的资产。

法院判决：鉴于被告人L某某有自首情节，被告人L某1有自首情节且系从犯，被告人L某某当庭认罪，对L某1从轻处罚，对L某某酌情从轻处罚。被告人L某1犯洗钱罪，判处有期徒刑4年，并处罚金人民币100万元。

64 比特币洗钱案

犯罪嫌疑人X利用网络聊天工具诈骗A公司得手后，联系L公司客服要求充值（L公司开设的B平台是比特币网络交易平台），L公司客服发现充值方和被充值方非同一人，且数额较大，遂要求发送身份证正反面照片。后嫌疑人X仅发送身份证复印件，L公司客服在没有进一步确认此笔业务的操作人与注册客户是否为同一人的情况下，即同意充值200万元。

犯罪嫌疑人X获得充值后，利用L公司网站比特币交易平台，分34笔购买价值约200万元的比特币553.0346个。在进行比特币买入的同时，犯罪嫌疑人X操作该账户同时进行提币业务。先后分4笔将购买的553.0346个比特币全部提出平台，转移到犯罪嫌疑人X在某网站注册的比特币钱包。后犯罪嫌疑人X在澳门地下钱庄将比特币卖出，所获取的现金被犯罪嫌疑人挥霍还债，已无法全部追回。之后，法院判决L公司赔偿A公司部分损失。

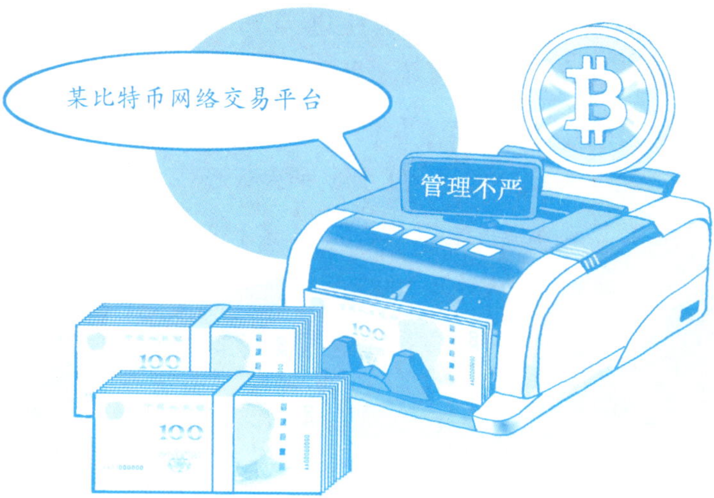

65 Y某某金融诈骗洗钱案

2006年9月26日，S省某烟草公司收到某银行C分行送达的对账单后，发现余额有误，该支行立即进行查账，发现该烟草公司账上定期存款余额应为8000万元，实为1500万元，而持有的8000万元单位定期存款开户证明系伪造。

经警方调查，“9·26”金融诈骗案系由Y某某犯罪团伙连续实施的8起系列金融诈骗案之一。2006年6月，Y某某、Y某、L某某、J某共谋，经J某介绍，由Y某引存S省某烟草公司8000万元存入在某银行H支行开立的账户，再偷拿并伪刻银行预留印鉴，使用伪造的转账支票，将该烟草公司8000万元存款中的6500万元转入Y某虚假注册成立的S投资有限公司，将1500万元转存定期留在该烟草公司账户，并制作了一张8000万元的虚假定期存单用于欺骗该烟草公司。Y某在明知Y某某等人所转6500万元资金系诈骗犯罪所得的情况下，为掩饰犯罪所得的来源和性质，仍提供A投资有限公司（虚假注册成立）和B投资有限公司账户，并帮助Y某某等人转款、取现用于投资水电站、加油站、矿山、房地产、证券等项目，清洗犯罪所得。

2008年8月15日，C市中级人民法院认定Y某犯洗钱罪，判处有期徒刑8年；犯虚报注册资本罪，判处有期徒刑2年；决定执行有期徒刑9年，并处罚金510万元。本案中，Y某的洗钱数额高达6500万元，是我国洗钱数额巨大的洗钱罪判例，也是S省首例洗钱罪判例。

66 经济互助会洗钱案

2013年5月，涉案会主G某借其子Y某的名义，以人民币218万余元的价格，在H市购买了一套房产，并以非法组织“经济互助会”所得会钱支付首付款66万元。2014年2月，被告人Y某明知该房产系G某以会钱购买，仍以其本人名字帮助办理了产权登记，并与G某共同偿还房贷，期间G某以会钱偿还2期房贷共计2万元以上。

2014年7月，G某以非法组织“经济互助会”所得的9万余元会钱从台湾购买了劳力士手表1只。同年底次年初，被告人Y某知该手表系G某以会钱购买，仍将其藏匿于家中。案发后，被告人Y某退出款项68万元，涉案的劳力士手表已被公安机关追回。

鉴于当事人上述“逃废债”事实，2015年3月，被告人Y某因涉嫌洗钱罪，被公安机关刑事拘留，并于4月份被执行逮捕。同年8月，Y某因犯洗钱罪，被法院判处有期徒刑1年6个月，缓刑2年，并处罚金人民币5万元。

67 提供银行卡给他人洗钱案

2014年以来，被告人L某在明知岳母S某与妻子A某未经有关部门批准，以高息为诱饵，通过“经济互助会”形式向社会不特定对象非法吸收公众存款的情况下，仍向S某提供的三张银行卡进行汇款转账，并专门开设一张银行卡供S某使用。2014年11月，L某将A某违法所得180万元用于购置房产及支付房贷等。2015年8月25日，L某因洗钱罪，被判处有期徒刑2年3个月，并处罚金10万元。

68 S某某利用网银洗钱案

2015年12月17日，被告人S某某、W某某明知M某某（另案处理）及A公司涉嫌非法吸收公众存款罪，仍在P银行开设个人存款账户，用于转移M某某及A公司的犯罪所得。主要包括：2015年12月22日，被告人S某某授意A公司行政人员L某某将A公司应收退款20万元汇入上述银行账户。2015年12月29日至31日，被告人S某某先后三次通过网银转账方式将M某某银行账户内的资金共计1068.7万元转入上述银行账户。2016年1月3日至4日，被告人S某某伙同W某某将上述P银行内的资金共计1088.7万元转入被告人S某某控制的银行账户，并将部分资金用于购买个人房产。

S某某以洗钱罪被判处有期徒刑3年，缓刑3年，罚金人民币60万元；W某某以洗钱罪被判处有期徒刑2年6个月，缓刑2年6个月，罚金人民币60万元。

69 W某某等人金融诈骗洗钱案

2011年5月31日，在受害人L某不知情的情况下，其某银行借记卡中的所有资金被人分4笔转出，合计人民币99.8万元。2011年6月1日，L某向J市公安局报案。

2011年6月1日，J市公安局经侦支队与人民银行J市中心支行就此案件进行情报磋商。在了解基本情况后，人民银行J市中心支行开展行政调查，追踪资金去向。通过调取受害人L某被盗账户2011年5月31日的交易流水分析发现，该账户于2011年5月31日22时42分，通过转账电话机分4笔转出至某银行Z市分行A某某的个人账户，合计人民币99.8万元。随后调取A某某个人账户交易流水，发现上述资金已于5月31日晚上通过网上银行转到某银行Z市分行H某某的个人账户中。同时，通过反洗钱调查，掌握了A某某申请的转账电话机的使用地址等基本信息。

J市公安局经侦支队在6月1日中午冻结了H某某的个人账户，及时追回被害人L某的财产，并于当天晚上抓获犯罪嫌疑人H某某。

H某某交代自己的个人账户是老乡B某叫其开立的，每次使用银行卡交易从中收取30元好处费，H某某个人账户的实际控制人为C某某（一家地下钱庄的经营者）。6月2日，办案人员在Z市抓获犯罪嫌疑人A某某。A某某交代该99.8万元人民币是朋友W某某叫其帮忙，利用网上银行业务转账至H某某账户的。

2011年，办案人员在D县抓获W某某，并根据W某某的口供抓获犯罪嫌疑人T某。

2012年4月24日，J市P区人民检察院以洗钱罪检控被告人W某某、T某，J市P区人民法院认为犯罪嫌疑人W某某、T某明知是金融诈骗犯罪所得，为掩饰、隐瞒其来源和性质，仍提供资金账户并通过转账等方式协助转移资金，其行为已构成洗钱罪，犯罪事实清楚，被告人W某某犯洗钱罪，判处有期徒刑2年2个月，并处罚金人民币8万元；被告人T某犯洗钱罪，判处有期徒刑2年，并处罚金人民币7万元。

70　Z某某姐姐帮其藏7000万元洗钱案

Z某某，任T市K区政府副区长，T市经济技术开发区党工委书记，T市委常委、副市长。2015年11月，经查：Z某某共收受34名行贿人100余次送予的款物合计4000余万元。此外，他还为请托人从T市经济技术开发区政府、国有资产公司借公款3.97亿元，收受5名借款人送予的款物合计1000余万元等，其拥有3个名字、2个身份证和6个身份证号码，其将收受财物委托其姐Z某进行投资、入股、经商。Z某共为Z某某掩饰、隐瞒巨额财物7000余万元。后B市法院认定Z某犯洗钱罪，判处其有期徒刑5年。

71　R某利用自己银行账户洗钱案

2013年5月至2015年2月期间，R在明知其姐R某某（另案处理）非法吸收公众存款（涉案金额达3500多万元）的情况下，仍将自己个人银行账户多次提供给R某某，帮助其掩饰、隐瞒161万元非法资金的来源和性质。2018年12月14日，D县人民法院以其触犯刑法第191条洗钱罪，判处有期徒刑1年，缓刑2年执行，并处罚金10万元人民币。

72 “e租宝”非法集资洗钱案

2015年12月8日，北京某公司运营的“e租宝”平台以及关联公司在开展互联网金融理财业务过程中，涉嫌违法经营活动，非法吸收资金500多亿元，受害投资人遍布全国31个省市。

其中，“e租宝”平台实际控制人、A集团董事会执行局主席D某，涉嫌集资诈骗、非法吸收公众存款、非法持有枪支罪及其他犯罪。此外，与此案相关的一批犯罪嫌疑人也被各地检察机关批准逮捕。

“e租宝”以高额利息为诱饵，虚构融资租赁项目，持续采用借新还旧、自我担保等方式大量非法吸收公众资金，吸收来的资金以“借道”第三方支付平台的形式进入自设的资金池。资金运用上，除了一部分吸取的资金用于还本付息外，相当一部分被用于公司高管的挥霍、维持公司的巨额运行成本、投资不良债权以及广告炒作。

73 P某某等4人金融诈骗洗钱案

2006年上半年，G银行S市分行通过监控反洗钱可疑交易，发现27个个人账户存在重大洗钱嫌疑。2006年7月20日，G银行S市分行根据人民银行反洗钱规章规定，向S市警方报案。同年7月24日，S市H区警方立案侦查，先后抓获了4名犯罪嫌疑人。经查，该犯罪团伙内部分工明确，他们通过网上银行、ATM机及银行柜面取款、转账等方式清洗非法资金上百万元。

S市H区法院认为，被告人P某某、Z某某、L某某、G某明知是金融诈骗犯罪所得，为掩饰、隐瞒其来源和性质，仍提供资金账户并通过转账等方式协助资金转移，其行为构成洗钱罪，被告人P某某、Z某某、L某某、G某犯洗钱罪罪名成立。

法院判决如下：被告人P某某犯洗钱罪，判处有期徒刑2年，并处罚金人民币6万元；被告人Z某某犯洗钱罪，判处有期徒刑1年4个月，并处罚金人民币2万元；被告人L某某犯洗钱罪，判处有期徒刑1年3个月，并处罚金人民币2万元；被告人Z某犯洗钱罪，判处有期徒刑1年3个月，并处罚金人民币2万元。

74 收集外来务工人员身份证开设银行卡洗钱案

Z某通过朋友介绍认识W某，与W某商定，由Z某通过银行卡转账和提现的方式为W某转移从网上银行诈骗得来的钱款，Z某按转移钱款数额10%的比例提成。于是，Z某与其他4人结伙，在2006年7月至8月间，收集大量外来务工人员的身份证件，申请办理了94张银行卡，然后将诈骗取得的资金划入上述银行卡内。随后，Z某等4人分别使用94张银行卡，通过ATM机提取现金共计人民币100多万元，通过柜面提取现金共计人民币近8万元，按照W某的指令扣除事先约定的份额，将剩余资金汇入W某指定的相关账户内。2006年8月，警方将Z某等抓捕归案。

法院认为，Z某等人明知是金融诈骗犯罪所得，为掩饰、隐瞒其来源和性质，仍提供资金账户并通过提现、转账等方式协助资金转移，其行为构成洗钱罪，分别判处有期徒刑并处罚金。

75 虚构二手房交易，冒用他人身份签合同洗钱案

2007年12月至2008年12月间，某公司董事长H某与前妻L某，指示Z某等人采取虚构二手房交易的手段，冒用他人身份与银行签订《借款合同》《抵押合同》《保证合同》，从商业银行骗取贷款250余笔，共计人民币4.47亿元。H某的姐姐H某某于2008年3月至5月间，明知H某进行金融诈骗犯罪，仍提供自己及亲友的银行卡，将H某骗取的赃款进行转账，用于个人支配。H某某后被检方以涉嫌洗钱罪提起公诉。

76 特大操纵期货市场洗钱案

A公司系外籍人员GeorgyZarya（音译扎亚）、AntonMurashov（音译安东）在HK各自注册成立一家公司后，于2012年9月用两家HK公司名义在JS省某保税区以美元出资注册成立贸易公司。扎亚为A公司法定代表人，安东负责技术管理。两人在公司成立前分别供职于欧洲的投资银行和期货公司，从事证券期货交易工作。受扎亚、安东指使，为规避中国金融期货交易所相关规定的限制，G某先后向亲友借来个人或特殊法人期货账户31个，供A公司组成账户组进行交易。A公司以贸易公司为名，隐瞒实际控制的期货账户数量，以50万美元注册资本金以及他人出借的360万元人民币作为初始资金，在中国参与股指期货交易。同时，安东及其境外技术团队设计研发出一套高频程序化交易软件，远程植入A公司托管在中国金融期货交易所的服务器，以此操控、管理A账户组的交易行为。A账户组通过高频程序化交易软件自动批量下单、快速下单，申报价格明显偏离市场最新价格，实现包括自买自卖（成交量达8110手、113亿元人民币）在内的大量交易，利用保证金杠杆比例等交易规则，以较小的资金投入反复开仓、平仓，使盈利在短期内快速放大，非法获利高达20多亿元人民币。监管机构认为，A公司的期货交易行为扩大了日内交易价格波幅，与市场价格走势存在关联性，影响了当时的市场交易价格和正常交易秩序。公安机关认为，A公司异常交易行为符合操纵股指期货市场的特征，涉嫌操纵期货市场。侦查还表明，G某将巨额非法获利中的近2亿元人民币通过犯罪嫌疑人Q某（另案处理）经营的“地下钱庄”转移出境，交给安东等境外人员。2015年1月，G某受扎亚指使，给予B期货公司技术总监J某某100多万元人民币作为好处费。J某某在全面负责A公司与交易所、期货商的对接工作中，隐瞒A公司实际控制的期货账户数量，并协助A公司对高频程序化交易软件进行技术伪装，进而违规进场交易。J某某还使用其银行账户帮助A公司转移资金。

77 非法传销洗钱案

2006年4月，人民银行某地中心支行在分析大额和可疑交易数据时发现，L某、J某、Z某等人的开户和资金交易情况异常——其在当地6家商业银行开立了近2000个账户，交易频繁，金额巨大。例如，L某在3家银行同时开立了15个账户，J某在3家银行同时开立了9个账户。又如，2005年7月至2006年3月期间，L某的1个账户共进行各类交易近700笔，交易总额达1200多万元，其中接收汇款170多笔，累计金额为600多万元，取款500多笔，累计金额与接收汇款总金额相同。

初步调查后，人民银行立即向当地公安部门移交了此线索，并与公安部门联合成立了专案组。由于案情复杂，专案组采取了“全面了解、重点调查”的工作方式，剥茧抽丝，逐步深入。在全面了解涉案账户开户情况的基础上，专案组锁定了L某、J某、Z某等人的100个账户进行重点调查，很快查清了案情，一举破获了“F某非法传销案”。

F某（境外人士）、C某（境外人士）、L某等人虚假注册了A公司，并通过A公司在全国进行传销活动。在F某等人组织的传销网络中，设有普通会员、高级会员、VIP贵宾会员、加盟店会员、配货服务站会员5种。其中，普通会员需交纳“入会费”1380元、高级会员需交纳1980元、VIP贵宾会员需交纳4880元、加盟店会员需交纳20000元、配货服务站会员需交纳80000元。此外，在会员中还自上而下设置了总裁、副总裁、全国董事、地区董事、地区副董事、地区总经理、地区副经理、地区协理、面谈师9个级别的“干部”。F某、C某、L某、J某和Z某分别任总裁、副总裁、全国董事、地区董事，主要负责组织策划传销活动和会员“入会费”的管理。而地区经理、地区协理、面谈师等级别的“干部”则主要负责发展会员，直接骗取“入会费”。一方面，F某等为A公司设立了互联网网站，并通过互联网向会员推销廉价商品；另一方面，F某等将会员交纳的“入会费”转换为A公司的虚拟货币“星币”，而会员必须使用“星币”才可通过互联网购买其推销的各类商品。至案发时，F某等人已在全国22个省吸收各类会员4000多人，骗取“入会费”1600多万元。

2006年6月，公安部门成功摧毁该非法传销网络，抓获F某、C某、L某、J某和Z某等11名主要犯罪嫌疑人，冻结各类账户近40个，冻结资金470余万元。

78 虚构交易洗钱案

2002年3月，某银行向警方报告一则可疑交易信息。这家银行发现一个新客户经常性地收取来自全国各地的个人汇款，资金交易量非常大。经警方调查，这是一家书店，外地的个人汇款主要是用来买书的，但这家书店只有一个店员、一个兼职会计，真正的法定代表人始终没有出现过。这家书店的主要用途就是洗钱。他们雇佣了大量的人员从各地分批将现金存入银行，然后书店以卖书的名义将钱汇集起来，再以营业收入的名义向税务机关申报缴纳税款，这样非法的收入就清洗成合法的了。

79 非法买卖外汇洗钱行为

2014年11月6日，D市公安局经侦支队得到线索，D市的Z某与S市的一个账户有可疑的交易往来：从2008年2月至2014年7月期间，两个银行账户交易次数高达6327笔，交易总额达13.34亿元。

随后，D市公安局针对Z某的银行账户展开了调查，发现Z某的银行账户多达十几个，每一个都交易频繁，且交易总额巨大，但是跟她交易的人却并不固定，交易人所在的地域也各有不同。

警方调取Z某的信息发现，Z某名下没有公司、企业，虽然她曾在D市登记为某电脑商行总经理，但是其公司营业执照早已被吊销，所以她事实上为无业人员。

警方通过调查还发现，经常与Z某交易的有Z某某等人，而这几个人与Z某均有亲属关系。同时，这些人名下也有不少的银行账户，他们部分账户预留的手机号码和Z某在银行预留的手机号码为同一个号码，而其余银行账户则预留了一个S市的电话号码，机主为S市的H某。

据Z某、H某交代，他们在这个地下钱庄组织里面属于“下线”，“上线”则是韩籍华人L某，他们的交易形式叫“对敲”，即每天L某在韩国收取和支付韩币、美元等外汇，并给D市的Z某或S市的H某打电话，让他们收取或支付人民币，等晚上的时候L某则会和两人通过电话将当天的账目对清楚。

Z某和H某已被抓获，对于藏匿在韩国的L某，则开展境外追逃工作。

80 利用化妆品公司洗钱案

广东一家假烟制造窝点购置463台制烟机，雇佣500名工人，每天制假烟250箱。每包假烟获利2元，生产了1年，获利2000万元以上。然后，将这些黑钱通过自己设立的一家化妆品公司将制假收入与化妆品销售收入混同，并向税务部门缴纳了营业税、所得税、消费税，从而使制假收入合法化，达到逃避有关部门追查和洗钱的目的。

81 通过信用证洗钱案

1997年G省S经济特区生产资料贸易公司为非法获取资金，同H省服装进出口公司签订了虚假的代理进口1000吨铝锭的合同，L某某通过手下的销售经理与美国A公司经理联系，由美国A公司出具了伪造的出售1000吨铝锭的“货物品质证”“装箱单及重量单”“货物发票”及“提单”等信用证项下的附随单据。L某某预付给H省服装公司保证金200万元。为此，H省服装公司委托中国银行W市分行向中国银行纽约分行开出了号码为LC61A700008、金额为168.520788万美元（约合人民币1398.14957万元）、期限180天不可撤销的信用证。由美国A公司在中行纽约分行将上述信用证项下货款贴现。

82 利用律师事务所洗钱案

A省交通厅厅长B某受贿2000万元，其中就有500万元是通过律师事务所洗钱得来。即由A省交通厅以涉讼案件的名义与当地C律师事务所签订代理合同。由A省交通厅支付C律师事务所代理费1000万元，纳税后C律师事务所主任D某向B某送去了500万元。

83 700亿跨境资金汇兑洗钱案

2015年6月，某银行N分行反洗钱处委托人民银行Y市中心支行向Y市公安局经侦支队移送案件线索和资料，称该行在日常资金分析与监测工作中，发现L某等人在银行开设的账户中资金进出量巨大。经初步调查认为，资金交易真实用途不清，交易规模与实际经营状况不符，无法排除其洗钱嫌疑。

经查明，2013年9月至今，Z某、L某伙同C某、B某，借用G区8张个体工商户营业执照以及15张变造、伪造的虚假营业执照，向15家商业银行共申请办理了数十部电话支付转账机；随后，该团伙对转账机进行解码改装，以达到可以移至异地使用的目的，通过快递将机器交付给在澳门的U某等人，在赌场周边从事非法资金兑换业务。在操作中，内地赌客只需提供个人银行借记卡刷卡，在交易金额中扣除一定比例的佣金后，就可以按照当天港币与人民币的汇率进行兑换；反之，也可将港币通过相同的方式，兑换成人民币转至内地的银行账户中。与此同时，犯罪团伙使用本人或借用他人身份证，在申请银行开设了几十个账号与之捆绑，作为转账及资金清算账户，账户中累计交易金额达700余亿元。

历经1年多的侦查，Y市公安局最终破获了这起由公安部督办、涉及三地的大型洗钱案，抓获了5名犯罪嫌疑人，冻结涉案账户266个，冻结资金1200余万元。

84 购买奢侈品洗钱案

2005年9月至2014年11月，Z某在任A企业集团证券投资部副部长、A集团下属B有限公司总经理和A集团下属的Z公司行政部经理期间，在明知A集团未经批准以C公司、B公司为平台，以A集团等公司的名义，以投资煤矿、房地产等项目为由，以高息和高额利润为诱饵，面向Y市及周边地区非法集资的情况下，积极为A集团提供个人账户、变卖名贵字画等方式转移资产，积极帮助A集团以公司上市，购买高档家具、汽车、金币等方式挥霍集资款，并将部分集资款据为己有。2007年2月15日至2014年12月19日，被告人Z某提供个人银行账户为A集团转移集资款，累计收到转款2.24亿元，累计转出2.20亿元。

Z某最终以洗钱罪被判处有期徒刑2年6个月，并处罚金人民币3万元。二审维持原判。

85 财务人员洗钱案

2017年，C某某成立A公司，谎称A公司系以接受他人车辆抵押借款获取利息为经营模式。2017年11月至2018年4月期间，C某某等人通过在公司网络平台“金刚财富”上发布虚假的车辆抵押借款投资标的，以高额利息为回报吸引他人前来投资，并以后期投资款支付前期投资回报的方式维持运行，先后共计接收投资款400余万元。

B某某系该公司财务，主要负责资金转入支出。在明知公司所收投资款被分别转入C某某借来的多张银行卡中的情况下，仍将上述账户款项一一转账到其本人提供给公司使用的银行卡中，并将这些投资款一部分用于支付投资人本金和收益以及公司支出，另一部分则以现金、微信转账方式给C某某使用。案发后，B某某主动到公安机关投案自首，并退出违法所得1万余元。

T市中级人民法院就S县人民检察院指控被告人C某某等人犯集资诈骗罪、被告人B某某犯洗钱罪一案作出终审裁定，驳回上诉，维持原判。被告人B某某犯洗钱罪，判处有期徒刑1年，缓刑1年6个月，并处罚金。

86 特大盗刷银行卡洗钱案

2016年1月，J市公安机关立案侦办了“1·16”特大盗刷银行卡、洗钱案。经过12个月的侦查，一举打掉了这一集窃取银行卡磁轨信息、克隆银行卡、盗刷银行卡、洗钱于一身的犯罪

第七章　附　则

第三十四条　本法所称金融机构，是指依法设立的从事金融业务的政策性银行、商业银行、信用合作社、邮政储汇机构、信托投资公司、证券公司、期货经纪公司、保险公司以及国务院反洗钱行政主管部门确定并公布的从事金融业务的其他机构。

第三十五条　应当履行反洗钱义务的特定非金融机构的范围、其履行反洗钱义务和对其监督管理的具体办法，由国务院反洗钱行政主管部门会同国务院有关部门制定。

第三十六条　对涉嫌恐怖活动资金的监控适用本法；其他法律另有规定的，适用其规定。

第三十七条　本法自2007年1月1日起施行。

中华人民共和国刑法（节选）

第一百九十一条　【洗钱罪】明知是毒品犯罪、黑社会性质的组织犯罪、恐怖活动犯罪、走私犯罪、贪污贿赂犯罪、破坏金融管理秩序犯罪、金融诈骗犯罪的所得及其产生的收益，为掩饰、隐瞒其来源和性质，有下列行为之一的，没收实施以上犯罪的所得及其产生的收益，处五年以下有期徒刑或者拘役，并处或者单处洗钱数额百分之五以上百分之二十以下罚金；情节严重的，处五年以上十年以下有期徒刑，并处洗钱数额百分之五以上百分之二十以下罚金：

集团，共抓获犯罪嫌疑人19名，摧毁窝点6处，缴获假卡13张，收缴窃取银行卡信息、盗刷装置一宗，追回赃款150余万元。2018年11月，19名案犯经J市中院二审作出终审判决，分别被以洗钱罪、信用卡诈骗罪判处15年以下不等的有期徒刑。

87 妻子提供账户帮丈夫掩饰黑钱案

Z某某原系A经贸有限公司法定代表人，本科学历。其夫D某（在逃）系B集团公司董事长。

2007年初，D某虚报注册资本1000万元成立一家投资担保公司，并担任法定代表人。担保公司成立后，并未按经营范围开展业务，而是从事非法集资、资金放贷为主的经营活动，以2%~5%的月息为诱饵，采取签订《理财委托协议》的方式，公开向社会公众大肆非法集资。

经查，2007年2月9日至2009年8月，Z某在无正当理由的情况下，同意本公司财务人员将公司的银行账户提供给丈夫使用，使D某非法吸收的巨额存款散存于A经贸有限公司的多个银行账户上，并经不同银行账户转账后分解。审计结果显示，D某非法吸收的公众存款1099.8万元相继转入Z某公司账户，经转账分解后最终又转移给从事非法集资的D某。

2009年11月25日，因丈夫非法吸存案爆发后潜逃的Z某，在H市被抓获。

W市J区法院审理认为，Z某身为单位直接负责的主管人员，违反国家金融管理制度，为其夫D某非法吸收公众存款转移犯罪所得，提供资金账户，方便其存款、转账、分解犯罪所得，其行为已构成洗钱罪。依照《刑法》第191条相关条款及新颁布的最高人民法院关于审理洗钱案件的《司法解释》，认定Z某犯有洗钱罪，一审判刑4年。Z某一审获判后，以量刑过重提出上诉，被W市中院驳回。

88 Y某等人票据诈骗、金融凭证诈骗洗钱案

Y某的父亲在当地开了一家实业公司，因经营不善不能按时归还银行贷款，所以到某市找朋友融资“救急”。在朋友介绍下，Y某与某投资公司融资部经理T某相识。2005年，T某向在当地某银行工作的D某介绍一家拥有较多存款的A公司，随后D某、T某和Y某与A公司财务经理H某联系商量存款事宜。T某称，只要A公司在银行存款2000万元且一年内不查询此款也

不动用此款，A公司不仅可以获得银行既定利息，还可以额外获取13%的高息。在高息的吸引下，H某到银行开户。在开户的过程中，D某用事先准备好的假印鉴偷换了A公司的真印鉴。随后，Y某用假印鉴将A公司存在银行的2000万元全部转走。为了方便日后转款，Y某和D某还成立了投资公司。2005年底，Y某决定再向A公司借款700万元1个月，并支付26万元高额利息。A公司存入700万元后，Y某用假印鉴将钱转走。在转走A公司2700万元资金后，D某把伪造的银行对账单和利息单交给了A公司。

2007年，Y某游说另外一家公司存款8000万到银行。开户过程中D某偷走公司印鉴后交给Y某去伪造印鉴，随后Y某用伪造的印鉴购买转账支票，将6500万元转入Y某自己的公司，剩下的1500万元以定期存单的方式留在原公司账上。事后，Y某等

人制作了一张8000万元的虚假定期存单用于欺骗该公司。在该案件中，Y某与D某商定，Y某负责推荐公司到银行存款，条件是支付Y某10%的好处费。事成后，Y某获得了800万元好处费。

该案中，银行被骗金额高达1.4亿元。C市中院以票据诈骗罪、金融凭证诈骗和洗钱罪判处Y某死刑，D某以票据诈骗罪判处死缓。

89 贷款诈骗洗钱案

2004年开始，H某向J银行虚假贷款用于二手房倒卖。后因形势不好赔了钱，之后成立了新的担保公司用于购买法院拍卖房产再加价卖出的生意。2007年，H某经介绍和B银行一级支行领导相识。随后，H某指示公司职员采取冒用借款人身份与该行签订《借款合同》等方法从B银行骗取资金4.47亿元。2009年，H某购买40余家没有真实经营背景的公司营业执照后虚构公司需要流动资金等事实，从B银行骗取贷款2.61亿元。为了从B银行顺利获得贷款，H某向B银行的这个支行领导贿赂人民币478万元、港元145万元，贿赂物品价值360余万元。2009年，H某在B银行办理信贷业务时，银行柜员发现成立一年多的贷款企业的公章竟然没有沾过印泥。经过详查，柜员发现印章有假后报警，民警顺藤摸瓜查出了这起骗贷大案。

在该案件中，H某在诈骗成功后并没有将资金用于购买司法拍卖的房产，而是用于个人挥霍。最终，司法人员只追回了半数被骗贷款。2010年8月，B市中院以被告人H某犯洗钱罪判处有期徒刑5年，B银行相关人员被判贷款诈骗罪、违法发放贷款罪。

90 利用寿险公司退保洗钱案

2007年12月，某超市公司通过兼业代理机构向某人寿保险公司投保终身寿险。趸缴保费320万元，保单约定被保险人1000多人、保险金额保费分配原则为“平均”。

2008年1月23日，该超市公司向保险公司申请全体退保。

2008年1月25日，保险公司将304万元退保资金转至该超市公司开立在银行的内部账户。资金入账后，银行根据保险公司客户经理电子邮件中的划款指令，将304万元转入该超市公司人力资源部C某某的个人账户，C某某于次日将304万元提现。

91 利用年金险洗钱案

某物业有限公司2005年12月向某人寿保险公司投保年金险，并趸缴保费394.91万元。保单约定被保险人117人，个体保险金额分为9000余元和90000余元两种，90000元的36名被保险人身份证号码系编造，出生年份均为1947年，保单约定到期领取日期为2007年12月（即36人年满60岁之日）。

2007年12月物业公司向保险公司申请满期给付。2008年1月，保险公司客户经理替物业公司18名高管人员开立个人银行结算账户，同日，保险公司签发转账支票退还保费，金额329万元，该笔资金退入物业公司开立在银行的内部账户后，随即转入18名公司高管个人银行账户，取得款项最多的近56万元。

92 利用重大疾病险洗钱案

2006年12月某集装箱运输有限公司向某人寿保险公司投保团体重大疾病保险，趸缴保费近295万元，保单约定被保险人453人，由保险公司业务员W某经办。

2007年12月，该运输公司向保险公司申请退保。保险公司同意其退保申请，签发银行支票，金额280多万元，解入某印刷公司的银行代付业务账户。经查发现，该笔银行支票存根联填写的收款人是某运输公司，但票据托收联的收款人是某制版印刷公司。上述280多万元资金入印刷公司账户后，当日即转入60个个人银行结算账户，每个账户入账资金4.8万元。随后，保险公司业务员A分别代理60人提取现金，将提现所得存入A个人账户，A开立银行支票将280多万元转入其妻银行账户，其妻随即将资金转入证券资金账户购新股。一周后，其妻将280余万元转账给B，B将该笔资金用于证券投资。

2008年2月，B将284万元资金划回，提现后再存入运输公司60名个人账户，金额自1000元至15万元不等。

法规汇编

- 中国人民银行法
- 中华人民共和国禁毒法
- 中华人民共和国反洗钱法
- 中华人民共和国刑法
- 最高人民法院司法解释

中国人民银行法（节选）

第四条 中国人民银行履行下列职责：

（一）发布与履行其职责有关的命令和规章；

（二）依法制定和执行货币政策；

（三）发行人民币，管理人民币流通；

（四）监督管理银行间同业拆借市场和银行间债券市场；

（五）实施外汇管理，监督管理银行间外汇市场；

（六）监督管理黄金市场；

（七）持有、管理、经营国家外汇储备、黄金储备；

（八）经理国库；

（九）维护支付、清算系统的正常运行；

（十）指导、部署金融业反洗钱工作，负责反洗钱的资金监测；

（十一）负责金融业的统计、调查、分析和预测；

（十二）作为国家的中央银行，从事有关的国际金融活动；

（十三）国务院规定的其他职责。

中国人民银行为执行货币政策，可以依照本法第四章的有关规定从事金融业务活动。

第三十二条 中国人民银行有权对金融机构以及其他单位和个人的下列行为进行检查监督：

（一）执行有关存款准备金管理规定的行为；

（二）与中国人民银行特种贷款有关的行为；

（三）执行有关人民币管理规定的行为；

（四）执行有关银行间同业拆借市场、银行间债券市场管理规定的行为；

（五）执行有关外汇管理规定的行为；

（六）执行有关黄金管理规定的行为；

（七）代理中国人民银行经理国库的行为；

（八）执行有关清算管理规定的行为；

（九）执行有关反洗钱规定的行为。

前款所称中国人民银行特种贷款，是指国务院决定的由中国人民银行向金融机构发放的用于特定目的的贷款。

中华人民共和国禁毒法（节选）

第二十九条 反洗钱行政主管部门应当依法加强对可疑毒品犯罪资金的监测。反洗钱行政主管部门和其他依法负有反洗钱监督管理职责的部门、机构发现涉嫌毒品犯罪的资金流动情况，应当及时向侦查机关报告，并配合侦查机关做好侦查、调查工作。

中华人民共和国反洗钱法

第一章　总　则

第一条　为了预防洗钱活动，维护金融秩序，遏制洗钱犯罪及相关犯罪，制定本法。

第二条　本法所称反洗钱，是指为了预防通过各种方式掩饰、隐瞒毒品犯罪、黑社会性质的组织犯罪、恐怖活动犯罪、走私犯罪、贪污贿赂犯罪、破坏金融管理秩序犯罪、金融诈骗犯罪等犯罪所得及其收益的来源和性质的洗钱活动，依照本法规定采取相关措施的行为。

第三条　在中华人民共和国境内设立的金融机构和按照规定应当履行反洗钱义务的特定非金融机构，应当依法采取预防、监控措施，建立健全客户身份识别制度、客户身份资料和交易记录保存制度、大额交易和可疑交易报告制度，履行反洗钱义务。

第四条　国务院反洗钱行政主管部门负责全国的反洗钱监督管理工作。国务院有关部门、机构在各自的职责范围内履行反洗钱监督管理职责。

国务院反洗钱行政主管部门、国务院有关部门、机构和司法机关在反洗钱工作中应当相互配合。

第五条　对依法履行反洗钱职责或者义务获得的客户身份

资料和交易信息，应当予以保密；非依法律规定，不得向任何单位和个人提供。

反洗钱行政主管部门和其他依法负有反洗钱监督管理职责的部门、机构履行反洗钱职责获得的客户身份资料和交易信息，只能用于反洗钱行政调查。

司法机关依照本法获得的客户身份资料和交易信息，只能用于反洗钱刑事诉讼。

第六条 履行反洗钱义务的机构及其工作人员依法提交大额交易和可疑交易报告，受法律保护。

第七条 任何单位和个人发现洗钱活动，有权向反洗钱行政主管部门或者公安机关举报。接受举报的机关应当对举报人和举报内容保密。

第二章 反洗钱监督管理

第八条 国务院反洗钱行政主管部门组织、协调全国的反洗钱工作，负责反洗钱的资金监测，制定或者会同国务院有关金融监督管理机构制定金融机构反洗钱规章，监督、检查金融机构履行反洗钱义务的情况，在职责范围内调查可疑交易活动，履行法律和国务院规定的有关反洗钱的其他职责。

国务院反洗钱行政主管部门的派出机构在国务院反洗钱行政主管部门的授权范围内，对金融机构履行反洗钱义务的情况进行监督、检查。

第九条 国务院有关金融监督管理机构参与制定所监督管

理的金融机构反洗钱规章，对所监督管理的金融机构提出按照规定建立健全反洗钱内部控制制度的要求，履行法律和国务院规定的有关反洗钱的其他职责。

第十条 国务院反洗钱行政主管部门设立反洗钱信息中心，负责大额交易和可疑交易报告的接收、分析，并按照规定向国务院反洗钱行政主管部门报告分析结果，履行国务院反洗钱行政主管部门规定的其他职责。

第十一条 国务院反洗钱行政主管部门为履行反洗钱资金监测职责，可以从国务院有关部门、机构获取所必需的信息，国务院有关部门、机构应当提供。

国务院反洗钱行政主管部门应当向国务院有关部门、机构定期通报反洗钱工作情况。

第十二条 海关发现个人出入境携带的现金、无记名有价证券超过规定金额的，应当及时向反洗钱行政主管部门通报。

前款应当通报的金额标准由国务院反洗钱行政主管部门会同海关总署规定。

第十三条 反洗钱行政主管部门和其他依法负有反洗钱监督管理职责的部门、机构发现涉嫌洗钱犯罪的交易活动，应当及时向侦查机关报告。

第十四条 国务院有关金融监督管理机构审批新设金融机构或者金融机构增设分支机构时，应当审查新机构反洗钱内部控制制度的方案；对于不符合本法规定的设立申请，不予批准。

第三章　金融机构反洗钱义务

第十五条　金融机构应当依照本法规定建立健全反洗钱内部控制制度，金融机构的负责人应当对反洗钱内部控制制度的有效实施负责。

金融机构应当设立反洗钱专门机构或者指定内设机构负责反洗钱工作。

第十六条　金融机构应当按照规定建立客户身份识别制度。

金融机构在与客户建立业务关系或者为客户提供规定金额以上的现金汇款、现钞兑换、票据兑付等一次性金融服务时，应当要求客户出示真实有效的身份证件或者其他身份证明文件，进行核对并登记。

客户由他人代理办理业务的，金融机构应当同时对代理人和被代理人的身份证件或者其他身份证明文件进行核对并登记。

与客户建立人身保险、信托等业务关系，合同的受益人不是客户本人的，金融机构还应当对受益人的身份证件或者其他身份证明文件进行核对并登记。

金融机构不得为身份不明的客户提供服务或者与其进行交易，不得为客户开立匿名账户或者假名账户。

金融机构对先前获得的客户身份资料的真实性、有效性或者完整性有疑问的，应当重新识别客户身份。

任何单位和个人在与金融机构建立业务关系或者要求金融机构为其提供一次性金融服务时，都应当提供真实有效的身份证件或者其他身份证明文件。

第十七条 金融机构通过第三方识别客户身份的，应当确保第三方已经采取符合本法要求的客户身份识别措施；第三方未采取符合本法要求的客户身份识别措施的，由该金融机构承担未履行客户身份识别义务的责任。

第十八条 金融机构进行客户身份识别，认为必要时，可以向公安、工商行政管理等部门核实客户的有关身份信息。

第十九条 金融机构应当按照规定建立客户身份资料和交易记录保存制度。

在业务关系存续期间，客户身份资料发生变更的，应当及时更新客户身份资料。

客户身份资料在业务关系结束后、客户交易信息在交易结束后，应当至少保存五年。

金融机构破产和解散时，应当将客户身份资料和客户交易信息移交国务院有关部门指定的机构。

第二十条 金融机构应当按照规定执行大额交易和可疑交易报告制度。

金融机构办理的单笔交易或者在规定期限内的累计交易超过规定金额或者发现可疑交易的，应当及时向反洗钱信息中心报告。

第二十一条 金融机构建立客户身份识别制度、客户身份资料和交易记录保存制度的具体办法，由国务院反洗钱行政主管部门会同国务院有关金融监督管理机构制定。金融机构大额交易和可疑交易报告的具体办法，由国务院反洗钱行政主管部门制定。

第二十二条 金融机构应当按照反洗钱预防、监控制度的要求，开展反洗钱培训和宣传工作。

第四章 反洗钱调查

第二十三条 国务院反洗钱行政主管部门或者其省一级派出机构发现可疑交易活动，需要调查核实的，可以向金融机构进行调查，金融机构应当予以配合，如实提供有关文件和资料。

调查可疑交易活动时，调查人员不得少于二人，并出示合法证件和国务院反洗钱行政主管部门或者其省一级派出机构出具的调查通知书。调查人员少于二人或者未出示合法证件和调查通知书的，金融机构有权拒绝调查。

第二十四条 调查可疑交易活动，可以询问金融机构有关人员，要求其说明情况。

询问应当制作询问笔录。询问笔录应当交被询问人核对。记载有遗漏或者差错的，被询问人可以要求补充或者更正。被询问人确认笔录无误后，应当签名或者盖章；调查人员也应当在笔录上签名。

第二十五条 调查中需要进一步核查的，经国务院反洗钱行政主管部门或者其省一级派出机构的负责人批准，可以查阅、复制被调查对象的账户信息、交易记录和其他有关资料；对可能被转移、隐藏、篡改或者毁损的文件、资料，可以予以封存。

调查人员封存文件、资料，应当会同在场的金融机构工作人员查点清楚，当场开列清单一式二份，由调查人员和在场的金融机构工作人员签名或者盖章，一份交金融机构，一份附卷备查。

第二十六条 经调查仍不能排除洗钱嫌疑的，应当立即向有管辖权的侦查机关报案。客户要求将调查所涉及的账户资金转往境外的，经国务院反洗钱行政主管部门负责人批准，可以采取临时冻结措施。

侦查机关接到报案后，对已依照前款规定临时冻结的资金，应当及时决定是否继续冻结。侦查机关认为需要继续冻结的，依照刑事诉讼法的规定采取冻结措施；认为不需要继续冻结的，应当立即通知国务院反洗钱行政主管部门，国务院反洗钱行政主管部门应当立即通知金融机构解除冻结。

临时冻结不得超过四十八小时。金融机构在按照国务院反洗钱行政主管部门的要求采取临时冻结措施后四十八小时内，未接到侦查机关继续冻结通知的，应当立即解除冻结。

第五章 反洗钱国际合作

第二十七条 中华人民共和国根据缔结或者参加的国际条约，或者按照平等互惠原则，开展反洗钱国际合作。

第二十八条 国务院反洗钱行政主管部门根据国务院授权，代表中国政府与外国政府和有关国际组织开展反洗钱合作，依法与境外反洗钱机构交换与反洗钱有关的信息和资料。

第二十九条 涉及追究洗钱犯罪的司法协助，由司法机关依照有关法律的规定办理。

第六章 法律责任

第三十条 反洗钱行政主管部门和其他依法负有反洗钱监督管理职责的部门、机构从事反洗钱工作的人员有下列行为之一的，依法给予行政处分：

（一）违反规定进行检查、调查或者采取临时冻结措施的；

（二）泄露因反洗钱知悉的国家秘密、商业秘密或者个人隐私的；

（三）违反规定对有关机构和人员实施行政处罚的；

（四）其他不依法履行职责的行为。

第三十一条 金融机构有下列行为之一的，由国务院反洗钱行政主管部门或者其授权的设区的市一级以上派出机构责令限期改正；情节严重的，建议有关金融监督管理机构依法责令金融机构对直接负责的董事、高级管理人员和其他直接责任人员给予纪律处分：

（一）未按照规定建立反洗钱内部控制制度的；

（二）未按照规定设立反洗钱专门机构或者指定内设机构负责反洗钱工作的；

（三）未按照规定对职工进行反洗钱培训的。

第三十二条 金融机构有下列行为之一的，由国务院反洗钱行政主管部门或者其授权的设区的市一级以上派出机构责令限期改正；情节严重的，处二十万元以上五十万元以下罚款，并对直接负责的董事、高级管理人员和其他直接责任人员，处一万元以上五万元以下罚款：

（一）未按照规定履行客户身份识别义务的；

（二）未按照规定保存客户身份资料和交易记录的；

（三）未按照规定报送大额交易报告或者可疑交易报告的；

（四）与身份不明的客户进行交易或者为客户开立匿名账户、假名账户的；

（五）违反保密规定，泄露有关信息的；

（六）拒绝、阻碍反洗钱检查、调查的；

（七）拒绝提供调查材料或者故意提供虚假材料的。

金融机构有前款行为，致使洗钱后果发生的，处五十万元以上五百万元以下罚款，并对直接负责的董事、高级管理人员和其他直接责任人员处五万元以上五十万元以下罚款；情节特别严重的，反洗钱行政主管部门可以建议有关金融监督管理机构责令停业整顿或者吊销其经营许可证。

对有前两款规定情形的金融机构直接负责的董事、高级管理人员和其他直接责任人员，反洗钱行政主管部门可以建议有关金融监督管理机构依法责令金融机构给予纪律处分，或者建议依法取消其任职资格、禁止其从事有关金融行业工作。

第三十三条 违反本法规定，构成犯罪的，依法追究刑事责任。

（一）提供资金账户的；

（二）协助将财产转换为现金、金融票据、有价证券的；

（三）通过转账或者其他结算方式协助资金转移的；

（四）协助将资金汇往境外的；

（五）以其他方法掩饰、隐瞒犯罪所得及其收益的来源和性质的。

单位犯前款罪的，对单位判处罚金，并对其直接负责的主管人员和其他直接责任人员，处五年以下有期徒刑或者拘役；情节严重的，处五年以上十年以下有期徒刑。

第一百二十条 【组织、领导、参加恐怖组织罪】组织、领导恐怖活动组织的，处十年以上有期徒刑或者无期徒刑，并处没收财产；积极参加的，处三年以上十年以下有期徒刑，并处罚金；其他参加的，处三年以下有期徒刑、拘役、管制或者剥夺政治权利，可以并处罚金。

犯前款罪并实施杀人、爆炸、绑架等犯罪的，依照数罪并罚的规定处罚。

第一百二十条之一 【帮助恐怖活动罪】资助恐怖活动组织、实施恐怖活动的个人的，或者资助恐怖活动培训的，处五年以下有期徒刑、拘役、管制或者剥夺政治权利，并处罚金；情节严重的，处五年以上有期徒刑，并处罚金或者没收财产。

为恐怖活动组织、实施恐怖活动或者恐怖活动培训招募、运送人员的，依照前款的规定处罚。

单位犯前两款罪的，对单位判处罚金，并对其直接负责的主管人员和其他直接责任人员，依照第一款的规定处罚。

第三百一十二条 【掩饰、隐瞒犯罪所得、犯罪所得收益罪】明知是犯罪所得及其产生的收益而予以窝藏、转移、收购、代为销售或者以其他方法掩饰、隐瞒的，处三年以下有期徒刑、拘役或者管制，并处或者单处罚金；情节严重的，处三年以上七年以下有期徒刑，并处罚金。

单位犯前款罪的，对单位判处罚金，并对其直接负责的主管人员和其他直接责任人员，依照前款的规定处罚。

第三百四十九条 【包庇毒品犯罪分子罪；窝藏、转移、隐瞒毒品、毒赃罪】包庇走私、贩卖、运输、制造毒品的犯罪分子的，为犯罪分子窝藏、转移、隐瞒毒品或者犯罪所得的财物的，处三年以下有期徒刑、拘役或者管制；情节严重的，处三年以上十年以下有期徒刑。

缉毒人员或者其他国家机关工作人员掩护、包庇走私、贩卖、运输、制造毒品的犯罪分子的，依照前款的规定从重处罚。

犯前两款罪，事先通谋的，以走私、贩卖、运输、制造毒品罪的共犯论处。

最高人民法院关于审理洗钱等刑事案件具体应用法律若干问题的解释

为依法惩治洗钱，掩饰、隐瞒犯罪所得、犯罪所得收益，资助恐怖活动等犯罪活动，根据刑法有关规定，现就审理此类刑事案件具体应用法律的若干问题解释如下：

第一条 刑法第一百九十一条、第三百一十二条规定的“明知”，应当结合被告人的认知能力，接触他人犯罪所得及其收益的情况，犯罪所得及其收益的种类、数额，犯罪所得及其收益的转换、转移方式以及被告人的供述等主、客观因素进行认定。

具有下列情形之一的，可以认定被告人明知系犯罪所得及其收益，但有证据证明确实不知道的除外：

（一）知道他人从事犯罪活动，协助转换或者转移财物的；

（二）没有正当理由，通过非法途径协助转换或者转移财物的；

（三）没有正当理由，以明显低于市场的价格收购财物的；

（四）没有正当理由，协助转换或者转移财物，收取明显高于市场的“手续费”的；

（五）没有正当理由，协助他人将巨额现金散存于多个银行账户或者在不同银行账户之间频繁划转的；

（六）协助近亲属或者其他关系密切的人转换或者转移与其职业或者财产状况明显不符的财物的；

（七）其他可以认定行为人明知的情形。

被告人将刑法第一百九十一条规定的某一上游犯罪的犯罪所得及其收益误认为刑法第一百九十一条规定的上游犯罪范围内的其他犯罪所得及其收益的，不影响刑法第一百九十一条规定的“明知”的认定。

第二条 具有下列情形之一的，可以认定为刑法第一百九十一条第一款第（五）项规定的“以其他方法掩饰、隐瞒犯罪所得及其收益的来源和性质”：

（一）通过典当、租赁、买卖、投资等方式，协助转移、转换犯罪所得及其收益的；

（二）通过与商场、饭店、娱乐场所等现金密集型场所的经营收入相混合的方式，协助转移、转换犯罪所得及其收益的；

（三）通过虚构交易、虚设债权债务、虚假担保、虚报收入等方式，协助将犯罪所得及其收益转换为“合法”财物的；

（四）通过买卖彩票、奖券等方式，协助转换犯罪所得及其收益的；

（五）通过赌博方式，协助将犯罪所得及其收益转换为赌博收益的；

（六）协助将犯罪所得及其收益携带、运输或者邮寄出入境的；

（七）通过前述规定以外的方式协助转移、转换犯罪所得及其收益的。

第三条 明知是犯罪所得及其产生的收益而予以掩饰、隐瞒，构成刑法第三百一十二条规定的犯罪，同时又构成刑法第一百九十一条或者第三百四十九条规定的犯罪的，依照处罚较重的规定定罪处罚。

第四条 刑法第一百九十一条、第三百一十二条、第三百四十九条规定的犯罪，应当以上游犯罪事实成立为认定前提。

上游犯罪尚未依法裁判，但查证属实的，不影响刑法第一百九十一条、第三百一十二条、第三百四十九条规定的犯罪的审判。

上游犯罪事实可以确认，因行为人死亡等原因依法不予追究刑事责任的，不影响刑法第一百九十一条、第三百一十二条、第三百四十九条规定的犯罪的认定。

上游犯罪事实可以确认，依法以其他罪名定罪处罚的，不影响刑法第一百九十一条、第三百一十二条、第三百四十九条规定的犯罪的认定。

本条所称“上游犯罪”，是指产生刑法第一百九十一条、第三百一十二条、第三百四十九条规定的犯罪所得及其收益的各种犯罪行为。

第五条 刑法第一百二十条之一规定的“资助”，是指为恐怖活动组织或者实施恐怖活动的个人筹集、提供经费、物资或者提供场所以及其他物质便利的行为。

刑法第一百二十条之一规定的“实施恐怖活动的个人”，包括预谋实施、准备实施和实际实施恐怖活动的个人。

最高人民法院关于审理掩饰、隐瞒犯罪所得、犯罪所得收益刑事案件适用法律若干问题的解释

为依法惩治掩饰、隐瞒犯罪所得、犯罪所得收益犯罪活动，根据刑法有关规定，结合人民法院刑事审判工作实际，现就审理此类案件具体适用法律的若干问题解释如下：

第一条 明知是犯罪所得及其产生的收益而予以窝藏、转移、收购、代为销售或者以其他方法掩饰、隐瞒，具有下列情形之一的，应当依照刑法第三百一十二条第一款的规定，以掩饰、隐瞒犯罪所得、犯罪所得收益罪定罪处罚：

（一）掩饰、隐瞒犯罪所得及其产生的收益价值三千元至一万元以上的；

（二）一年内曾因掩饰、隐瞒犯罪所得及其产生的收益行为受过行政处罚，又实施掩饰、隐瞒犯罪所得及其产生的收益行为的；

（三）掩饰、隐瞒的犯罪所得系电力设备、交通设施、广播电视设施、公用电信设施、军事设施或者救灾、抢险、防汛、优抚、扶贫、移民、救济款物的；

（四）掩饰、隐瞒行为致使上游犯罪无法及时查处，并造成公私财物损失无法挽回的；

（五）实施其他掩饰、隐瞒犯罪所得及其产生的收益行为，妨害司法机关对上游犯罪进行追究的。

各省、自治区、直辖市高级人民法院可以根据本地区经济社会发展状况，并考虑社会治安状况，在本条第一款第（一）项规定的数额幅度内，确定本地执行的具体数额标准，报最高人民法院备案。

司法解释对掩饰、隐瞒涉及计算机信息系统数据、计算机信息系统控制权的犯罪所得及其产生的收益行为构成犯罪已有规定的，审理此类案件依照该规定。

依照全国人民代表大会常务委员会《关于〈中华人民共和国刑法〉第三百四十一条、第三百一十二条的解释》，明知是非法狩猎的野生动物而收购，数量达到五十只以上的，以掩饰、隐瞒犯罪所得罪定罪处罚。

第二条 掩饰、隐瞒犯罪所得及其产生的收益行为符合本解释第一条的规定，认罪、悔罪并退赃、退赔，且具有下列情形之一的，可以认定为犯罪情节轻微，免予刑事处罚：

（一）具有法定从宽处罚情节的；

（二）为近亲属掩饰、隐瞒犯罪所得及其产生的收益，且系初犯、偶犯的；

（三）有其他情节轻微情形的。

行为人为自用而掩饰、隐瞒犯罪所得，财物价值刚达到本解释第一条第一款第（一）项规定的标准，认罪、悔罪并退赃、退赔的，一般可不认为是犯罪；依法追究刑事责任的，应当酌情从宽。

第三条 掩饰、隐瞒犯罪所得及其产生的收益，具有下列情形之一的，应当认定为刑法第三百一十二条第一款规定的“情节严重”：

（一）掩饰、隐瞒犯罪所得及其产生的收益价值总额达到十万元以上的；

（二）掩饰、隐瞒犯罪所得及其产生的收益十次以上，或者三次以上且价值总额达到五万元以上的；

（三）掩饰、隐瞒的犯罪所得系电力设备、交通设施、广播电视设施、公用电信设施、军事设施或者救灾、抢险、防汛、优抚、扶贫、移民、救济款物，价值总额达到五万元以上的；

（四）掩饰、隐瞒行为致使上游犯罪无法及时查处，并造成公私财物重大损失无法挽回或其他严重后果的；

（五）实施其他掩饰、隐瞒犯罪所得及其产生的收益行为，严重妨害司法机关对上游犯罪予以追究的。

司法解释对掩饰、隐瞒涉及机动车、计算机信息系统数据、计算机信息系统控制权的犯罪所得及其产生的收益行为认定“情节严重”已有规定的，审理此类案件依照该规定。

第四条 掩饰、隐瞒犯罪所得及其产生的收益的数额，应当以实施掩饰、隐瞒行为时为准。收购或者代为销售财物的价格高于其实际价值的，以收购或者代为销售的价格计算。

多次实施掩饰、隐瞒犯罪所得及其产生的收益行为，未经行政处罚，依法应当追诉的，犯罪所得、犯罪所得收益的数额应当累计计算。

第五条 事前与盗窃、抢劫、诈骗、抢夺等犯罪分子通谋，掩饰、隐瞒犯罪所得及其产生的收益的，以盗窃、抢劫、诈骗、抢夺等犯罪的共犯论处。

第六条 对犯罪所得及其产生的收益实施盗窃、抢劫、诈骗、抢夺等行为，构成犯罪的，分别以盗窃罪、抢劫罪、诈骗罪、抢夺罪等定罪处罚。

第七条 明知是犯罪所得及其产生的收益而予以掩饰、隐瞒，构成刑法第三百一十二条规定的犯罪，同时构成其他犯罪的，依照处罚较重的规定定罪处罚。

第八条 认定掩饰、隐瞒犯罪所得、犯罪所得收益罪，以上游犯罪事实成立为前提。上游犯罪尚未依法裁判，但查证属实的，不影响掩饰、隐瞒犯罪所得、犯罪所得收益罪的认定。

上游犯罪事实经查证属实，但因行为人未达到刑事责任年龄等原因依法不予追究刑事责任的，不影响掩饰、隐瞒犯罪所得、犯罪所得收益罪的认定。

第九条 盗用单位名义实施掩饰、隐瞒犯罪所得及其产生的收益行为，违法所得由行为人私分的，依照刑法和司法解释有关自然人犯罪的规定定罪处罚。

第十条 通过犯罪直接得到的赃款、赃物，应当认定为刑法第三百一十二条规定的“犯罪所得”。上游犯罪的行为人对犯罪所得进行处理后得到的孳息、租金等，应当认定为刑法第三百一十二条规定的“犯罪所得产生的收益”。

明知是犯罪所得及其产生的收益而采取窝藏、转移、收购、代为销售以外的方法，如居间介绍买卖，收受，持有，使用，加工，提供资金账户，协助将财物转换为现金、金融票据、有价证券，协助将资金转移、汇往境外等，应当认定为刑法第三百一十二条规定的“其他方法”。

第十一条 掩饰、隐瞒犯罪所得、犯罪所得收益罪是选择性罪名，审理此类案件，应当根据具体犯罪行为及其指向的对象，确定适用的罪名。

后　记

甘肃省纪委监委“职务犯罪领域反洗钱问题研究”课题组组织编写的《反洗钱知识手册》已付梓出版。从课题组着手编写到出版，得到了省纪委监委领导及相关单位的大力支持和关心，省纪委副书记、省监委副主任张云生同志对编写工作多次做出指示，亲自过问编写进展情况，协调解决相关问题；中国人民银行兰州中心支行等驻兰中央国家机关、中央金融单位提供了许多便利，提出了许多意见和建议；甘肃省地方金融监管局、甘肃省国资委等省直相关单位和部门积极参与讨论，建言献策；省社科联多次给予具体指导；兰州大学等相关单位提出了许多宝贵意见和建议。课题组编写人员认真听取各方面的意见和建议，在问答内容、案例选取、插图设计等方面不断完善，以尽可能满足不同受众的需求。

《手册》在编辑过程中，也得到尚峰、刘志文、强剑、徐海峰、李天生、苗辅尧、张金峰等同志的帮助，在此一并感谢。

限于时间和水平，本书不当之处恐难避免，敬请读者批评指正。

“职务犯罪领域反洗钱问题研究”课题组

2020年6月